돈 잘 버는 사장의 24시간 365일

상승 타임
매니지먼트의
기술

사장이 시간을 어떻게 활용하느냐에 따라서 회사 경영이 달라진다!

돈 잘 버는 사장의

24시간

상승 타임
매니지먼트의
기술

365일

고야마 노보루 지음

이지현 옮김

시간은 금이다. 시간은 목숨이다

시간 자체에는 차이가 없다. 차이는 시간을 활용하는 방법에 있다

같은 시간이라도 '어떻게 활용하느냐'에 따라서 결과는 크게 달라진다

사장이 시간을 어떻게 쓰느냐에 따라서 회사 경영이 달라진다

돈 잘 버는 사장은 화장실에서도 일한다

내가 사장으로 근무하고 있는 주식회사 무사시노는 경영 서포트파트너 회원(무사시노가 경영지원하는 회원)을 대상으로 '보고 배우고 경험하고 공유하는' 실천형 프로그램을 제공하고 있다. '서류가방동행'도 그중 하나다.

'서류가방동행'

내가(고야마 노보루) 가는 모든 곳에 비서처럼 서류 가방을 들고 따라다니면서 일하는 모습을 가까이서 관찰하고, 이를 통해서 경영자의 마음가짐을 피부로 느끼고 배우는 3일 프로그램이다.

비용은 하루에 400만 원, 3일에 1천200만 원이다.

서류 가방 동행은 '틈새 시간을 활용하는 방법', '정보를 수집하는 방법', '직원을 칭찬하는 방법', '직원을 혼내는 방법', '돈의 흐름을 보는 방법', '건강을 유지하는 방법' 등을 체험할 수 있는데, 서류 가방을 들고 나와 동행했던 수많은 사장들은 입을 모아 이렇게 말했다.

"틈새 시간을 효율적으로 적극적 활용하는 방법을 배울 수 있었습니다."

서류 가방 동행을 체험한 '주식회사 오지푸즈'의 다카하시 도오루 사장도 그중 한 명이다.

"저처럼 '오전에는 이걸 하고 오후에는 저걸 해야겠다'는 식으로 오전과 오후 일정을 나눠서 처리하는 사장들이 많을 겁니다. 그런데 고야마 사장님은 이를 좀 더 세분화해서, 그야말로 분을 쪼개가면서 일을 하시더군요. 더욱 놀라웠던 것은 화장실에서도 일을 하셨다는 거예요. (웃음) '스피드 결재' 어플리케이션으로 직원이 올려놓은 품의서를 결재하셨거든요. 1분, 1초를 아끼면서 열심히 일하는 모습이 매우 인상 깊었습니다."(다카하시 도오루 사장)

실제로 나는 길을 걸으면서도 일하고 화장실에서도 일한다.

화장실에 신간 교정지(첨삭용 인쇄물)를 가지고 들어가 볼일을 보면서 빠르게 원고를 확인하고 수정해야 할 부분을 아이폰(iPhone) 카메라로 촬영한다. 그리고 챗워크(chatwork, 비즈니스 채팅 전용 툴)로 편집자에게 전송한다. (웃음)

나는 '고객에게 도움이 되는 것, 직원에게 도움이 되는 것, 직원의 가족에게 도움이 되는 것' 외의 일로 주어진 시간을 낭비하고 싶지 않다. 그래서 '좀 피곤하니까 커피라도 한 잔 마시면서 한숨 돌리자'라는 생각은 단 한 번도 한 적이 없다. 심지어 지하철에서 꾸벅꾸벅 존 적도 없다. 매일 새벽 4시 30분이면 일어나 늦은 시간까지 분을 쪼개가며 열심히 일한다.

'가부키초에서 놀 시간'을 확보하려고 일의 효율성을 꾀한다

지금에서야 무사시노에서 제일 일을 많이 하는 사람이 되었지만 사실 사회 초년생 시절에는 '일하기 싫다', '지겹다', '갑갑

하다'라는 생각에 설렁설렁 일했다. 될 대로 되라는 식이었다. 자신에게 주어진 시간이 얼마나 소중한지를 깨닫지 못했고 '효율적으로 일하자'라는 생각조차 하지 않았다.

나는 무사시노(창업 당시의 회사명은 일본 서비스 머천다이저)에서 아르바이트로 일하다가 도중에 직원으로 채용됐다. 학교(도쿄경제대학)와 회사를 오가며 마작에 푹 빠져 지내다 보니 입학 9년 만에 간신히 졸업했다. 그때 나이 스물여섯 그리고 스물일곱 살 되던 해에 창업주였던 후지모토 도라오 사장과 심하게 싸우고 나와서 홀로 '모닝콜'을 제공하는 '메이아이헬프유(May I help you)'라는 회사를 차렸다.

당시는 지금과 달리 아침잠이 많아서 일찍 일어나지 못했다. '나처럼 아침에 일찍 일어나지 못하는 사람이 많을 거야. 누가 깨워줬으면 하는 니즈(needs)가 반드시 있을 거야' 하는 확신을 가지고 보란 듯이 창업을 했지만 결과는 대참패였다. 계약서에 사인한 고객은 고작 '세 명'뿐이었다. 결국 창업 3개월 만에 망하고 말았다. '고객의 상황이 아니라 개인의 상황에 맞춘 것'이 실패 원인이었다. '메이아이헬프유'는 '무엇을 도와드릴까요?'라는 의미인데 아무도 내 도움 따위는 필요하지 않았던

것이다. (웃음)

'메이아이헬프유'를 정리하고 주식회사 더스킨 본사에서 근무하다가 물수건을 대여하는 '주식회사 베리'를 설립했다. 만 29세 때였다.

내가 '시간활용법'에 관심을 갖기 시작한 것이 바로 '주식회사 베리'를 창업하고 나서부터다. '시간을 낭비하지 말자'라고 생각한 이유는 '두 가지'다.

하나는 후쿠오카에서 들었던 다케다 요이치 경영 컨설턴트의 '사장이 아침 7시 전에 출근하는 회사 중에 망한 곳은 한 군데도 없다'라는 말 때문이다. '주식회사 베리'가 '메이아이헬프유'의 전철을 밟지 않도록 '아침 7시에 출근하자', '다른 사람보다 2시간 앞서 일하자'라고 결심했다.

또 다른 이유는 효율적으로 일을 해야 '가부키초에 놀러갈 시간이 생기기 때문'이다.

무슨 사정으로 업무 하나가 결론이 나지 않고 연기되면 도미노처럼 그 다음 업무도 뒤로 밀린다. 일을 마무리하려면 야근을 해야 하는데, 야근을 하면 술을 마시러 가부키초에 갈 수 없다.

그래서 나는 '가부키초에 한 잔 하러 가고 싶다'라는 불순한 동기에서 '정해진 시간 안에 일을 끝내려면 어떻게 해야 할까?'에 대해 진지하게 고민했다.

'틈새 시간을 활용하는 것'도 '끝낼 시간을 정하고 일을 하는 것'도 '하지 않겠다를 먼저 정하는 것'도 '속전속결'도 '무슨 일이든 먼저 대책을 마련하는 것'도 실은 '가부키초에 놀러갈 시간을 만들기 위해서'다. (웃음)

'한 잔 하러 가고 싶다'라는 불순한 동기가 있었기에 나는 시간을 낭비하지 않고 효율적으로 활용할 수 있게 되었다. 가부키초는 만 65세 생일에 졸업했다. 이제는 가지 않는다.

시간은 금이다. 시간은 목숨이다

'시간은 금이다'라는 속담이 있다.

'시간은 소중하고 유효한 것이니 낭비해서는 안 된다'

'시간은 소중하기에 허투루 쓰지 말라'라는 의미다.

회사를 경영하면 사무실 임대료를 비롯해 인건비, 수도세, 전기세 등 매일, 매시간, 매분, 매초 아무것도 하지 않아도 돈이 들어간다. 그야말로 '시간=돈'이다.

시간 대비 비용을 의식하기 시작하면 더는 시간을 낭비할 수 없다.

또한 나는 시간을 이렇게도 생각한다.

'시간은 생명'이다.

시간과 생명은 한 번 잃어버리면 되돌릴 수 없다. 수명은 '살아있는 시간의 길'이다. 그래서 '시간을 낭비하는 것'은 '생명을 소홀히 여기는 것'과 마찬가지다.

무사시노 직원의 평균 연령은 32세다. 만일 32세의 남자 직원이 평균 수명까지 산다면(일본 후생노동성이 발표한 2016년 일본 평균 수명은 남성의 경우 80.98세) 남겨진 시간은 '49년'(81세로 계산)이다.

남자 직원이 '하루에 1시간, 아무것도 하지 않고 멍하니 있는다'고 치면

- 49년×365일×1시간=1만 7,885시간
- 1만 7,885시간÷24시간÷365일=2.041년(약 2년)

인생에서 무려 2년을 낭비하는 꼴이다.

허투루 낭비한 시간이 하루에 2시간이면 약 4년, 3시간이면 약 6년, 4시간이면 약 8년을 '아무것도 하지 않고 무의미하게

자신의 수명을 갉아먹는 것'이다.

이를 입사 당시의 시급 1만 1,000원으로 환산해보면 무려 2억 2,000만 원 이상의 가치다.

시간은 돈과 달리 저금할 수 없다. 모을 수도 불릴 수도 상속할 수도 없다.

사람이 가진 여러 재산과 자원 중에 누구에게나 공평하게, 대등하게 주어진 것이 바로 시간이다.

흑자를 내는 사장, 적자를 내는 사장, 열심히 노력하는 직원, 뒤에서 묵묵히 지원하는 직원, 일을 잘하는 사람, 일을 못하는 사람 등 누구에게나 하루에 주어진 시간은 '24시간'이다.

시간 자체에는 차이가 없다. 차이는 시간을 '활용하는 방법'에 있다. 같은 시간이라도 '어떻게 사용하느냐'에 따라서 결과는 크게 달라진다.

그렇다면 어떻게 시간을 활용해야 실적을 높일 수 있을까?

어떻게 스케줄을 짜야 사장도 직원도 효율적으로 일할 수 있을까? 그에 관한 힌트가 바로 이 책에 있다.

이 책이 중소기업의 생산성을 높이는 데, 조금이나마 도움이 된다면 더 큰 바람은 없을 것이다.

차례

1장
돈 잘 버는 사장의
'시간에 대한 생각'

2장
돈 잘 버는 사장의
'365일' 계획 책정

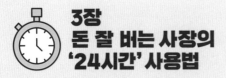

3장
돈 잘 버는 사장의
'24시간' 사용법

4장
돈 잘 버는 사장의
시간 관리 비법을 배워라!
체험 – 고야마 노보루 사장의 '서류가방동행'

돈 잘 버는 사장의 '시간에 대한 생각'

하지 않는다'를 먼저 정한다

수많은 사장들이 시간에 좇기는 이유(시간이 부족한 이유)는 이것저것 뭐든지 다 하려고 애를 쓰기 때문이다.

그런데 시간은 한정적이고 몸은 하나밖에 없다. 이 일, 저 일에 손을 대다 보면 결과적으로 이도 저도 아닌 꼴이 된다. 이렇다 할 결과도 나오지 않는다.

그래서 나는 '이 일, 저 일에 손대지 않는다'라는 생각으로 '하지 않는다'를 제일 먼저 정한다.

여러 개의 선택지 중에서 제일 먼저 '하지 않는다'를 정하고 '하겠다'고 결정한 것에만 시간을 투자한다.

능력이 '85'인 사장도 '85가지'의 일을 하면 한 가지 일에 '1'의 능력밖에 배분할 수 없다. 그런데 내 경우에는 단순한 일처리 능력이 '48'일지라도 '10가지'의 일만 하니까 한 가지 일에 '5'의 능력을 배분할 수 있다. 그래서 능력이 뛰어난 상대와 겨뤄도 승산이 있는 것이다.

무사시노는 직원의 능력을 측정하는 데, '에너자이저(energizer)'(공익 재단법인 일본생산성 본부가 제공하는 사람과 조직의 적정 판단)라는 도구를 도입해서 사용하고 있다.

'에너자이저'를 통해서 일을 처리하는 속도와 정확성, 안정성 등 정보 처리 능력(정보 처리 특성)을 평가한다. (A~E까지 평가 등급)

나는 'C⁻' 평가를 받았다. 복잡한 일을 처리하는 능력은 'D⁻'로 무사시노 직원들 가운데 꼴찌다. 한마디로 '능력이 낮은 편'이다. 그럼에도 불구하고 누구보다 열심히 일하고 누구보다 좋은 결과를 낼 수 있는 것은 시간을 효율적으로 활용하는 능력이 탁월하기 때문이다. 즉 업무 범위를 쓸데없이 넓히지 않고 담당 영역(territory)을 한정해서 한 우물을 깊게 파는 데 시간을 쓰기 때문이다.

'이것저것 다할 수 있다' = '아무것도 못한다'

이것저것 뭐든지 다하려고 애를 쓰다 보면 어느 것 하나 제대로 하지 못한다.

초등학교 1학년 때에 야구, 2학년 때에 농구, 3학년 때에 육상, 4학년 때에 수영, 5학년 때에 탁구, 6학년 때에 축구를 배워도 결국 나중에는 어떤 운동도 제대로 하지 못한다. 연습할 시간이 분산되기 때문이다. 차라리 초등학교 1학년 때에 시작한 야구를 6년 동안 쭉 하는 편이 실력이 는다.

나는 '춤을 제일 잘 추는 중소기업 경영인'이라고 자부할 수 있다. '춤을 잘 춘다'고 해도 '지르박'밖에 출줄 모르지만 말이다.

사교댄스 교실에 다니는 사람들은 대개 왈츠, 지르박, 탱고 등 다양한 댄스를 배우려고 노력한다. 그런데 나는 애초에 그럴만한 능력이 없다고 판단하고 지르박 외에는 '추지 않겠다'고 결심했다. 지르박 한 가지에만 집중해서 다른 사람보다 5배, 10배나 열심히 연습했다.

춤이든 경영이든 범위를 좁혀서 노력을 한 곳에 집중하는 편이 결과를 낼 수 있다. 다른 사람보다 지르박을 잘 추게 된 다음에 나는 룸바를 배우기 시작했다.

'이것저것 다할 수 있다'는 뒤집어서 생각해보면 '특출하게 잘하는 것이 없다', '전문적으로 할 수 있는 것이 없다'와 같다. 왜냐하면 어느 것 하나 제대로 하지 못하고 어중이떠중이식이기 십상이기 때문이다.

유흥을 즐기는 사람을 빗대어 '술 마시고 노름하고 계집질하는 삼박자를 두루 갖췄다'라고 표현한다. 나는 삼박자를 넘어서 사박자, 오박자를 두루 갖추고 있지만 '놀 때'도 제일 먼저 '하지 않는다'를 명확하게 정한다.

이를테면 파친코에 가지만 파치슬롯은 하지 않는다. 파치슬롯은 '당첨이 되어도 돈을 불리는 데 시간이 걸리기 때문'이다.

경마도 좋아하는데 예전에는 모든 경주의 마권을 구입했다. 하지만 일이 바빠지고 나서는 출마표를 보고 검토할 시간이 없어서 '매주 한 경주'만 즐긴다. 지금은 마단으로 두 장만 구입한다.

술도 가부키초로만 마시러 간다. '긴자(銀座)나 롯본기(六本木)에서는 마시지 않는다'고 정한 이유는 '집까지 돌아오는 데 시간이 걸리기 때문'이다.

도쿄의 서쪽에 살고 있어서 가부키초에서 마시면 집까지 20

분이면 충분하다. 그런데 긴자나 롯본기에서 마시면 두 배나 걸린다.

시간을 절약하려면 일단 '일이든 유흥이든 제일 먼저 하지 않는다'를 정하고 해야 할 일의 범위를 좁히는 것'이 기본이다.

공부를 못했던 내가 대학에 들어갈 수 있었던 이유

나는 학습 능력이 높지 않다. 하위권이다.

내가 다녔던 고등학교에는 13개의 학급이 있었고 한 반의 정원이 55명이었다. 학생을 성적순으로 1등에서 55등까지가 1반, 56등에서 110등까지가 2반으로 배정했다.

나는 1학년 때에 2반, 2학년 때에 8반, 3학년 때에 13반이었다. (웃음) 고3 수험생이 13반에 배정될 정도면 '대학에 들어가겠다'는 긍정적인 꿈을 꾸는 학생은 거의 없다. 담임선생조차 지원서를 내도 어차피 떨어질 거라며 대개는 포기하고 만다.

그런 내가 대학에 붙을 수 있었던 이유는 '100점을 받으려고 하지 않았기 때문'이다.

'60점 이하가 불합격이라면 굳이 100점을 맞을 필요가 있을까?', '61점만 맞으면 되지 않을까?' 하는 생각으로 '39점은 버리는 전략'을 세웠다.

나는 입시 문제는 '학생을 대학에 붙이기 위해서'가 아니라 '떨어뜨리기 위해서' 만들어졌다고 생각했다. 그래서 '어려운 문제부터 먼저 출제된다'라는 가설을 세웠다. 쉬운 문제를 먼저 출제하면 학생들이 모든 문제를 다 풀어서 떨어뜨릴 수 없기 때문이다.

보통 수험생은 '위'에서부터 순서대로 문제를 풀어나간다. 그러다가 어려운 문제에서 제동이 걸리면 풀 수 있는 쉬운 문제는 손도 대보지 못한 채 시험 시간이 끝나고 만다.

하지만 나는 내가 세운 가설에 따라서 '아래'부터(쉬운 문제부터) 순서대로 풀었다. 쉬운 문제를 모두 풀고 어려운 문제를 푸는 동안에 시험 시간이 끝났다.

'서툰 과목에는 손을 대지 않는다', '어려운 문제는 풀지 않는다' 등 '하지 않는다'를 먼저 정했기에 나는 꼴등의 성적으로 겨우 도쿄경제대학에 입학할 수 있었던 것이다.

사업 전개를 고려할 때에 내가 '하지 않는다'고 정하는 것

'하지 않는다'를 먼저 정하면 자신의 행동 범위와 시간을 활용하는 방법이 보다 명확해진다.

자사의 규모를 고려해서 '하지 않는다'를 정하면 무작정 사업 영역을 넓히지 않고 자사의 강점을 활용한 비즈니스가 가능하다.

【 무사시노가 '하지 않는다'고 정한 것 】

● 상권을 넓히지 않는다.

● '한 번 팔면 그것으로 끝이다'라는 식의 사업은 하지 않는다.

● 경쟁자가 없는 사업은 하지 않는다.

● 회사 연혁보다 오래된 마켓에는 진입하지 않는다.

● '아무도 하지 않는 것'(실적이 나오지 않는 것)은 하지 않는다.

○ 상권을 넓히지 않는다

나는 중소기업 사장은 '오다 노부나가(織田信長)'와 같다고 생각한다.

'오케하자마'(오다 노부나가의 영내였던 오케하자마에 진을 친 이마가와 요시모토를 오다 노부나가가 기습 공격해서 물리친 전쟁)에서 싸워야 이길 수 있었던 오다 노부나가.

그는 어떻게 3천 명이라는 아주 적은 병력으로 2만 혹은 4만 5천 명으로 추정되었던 이마가와 요시모토의 군(軍)을 이길 수 있었을까?

그가 고대 중국의 병법서인《오자(吳子)》에 나온 '천의 힘으로 만의 적을 물리치는 최선의 책략은 좁은 골짜기에서 싸우는 병법'을 활용해서 일단 아마가와 요시모토의 군대를 오케하자마 골짜기로 유인하여 대군의 전개를 막았기 때문이다.

중소기업의 전술도 오다 노부나가가 펼쳤던 전략과 마찬가지로 '영역을 좁혀서 싸우는 것'이 정석이다.

무사시노의 더스킨(DUSKIN) 사업은 '도쿄 전역의 영업권'을 가지고 있다. 하지만 본사가 있는 고가네이 시를 중심으로 '도쿄의 1/4에 해당하는 영역'에서만 영업한다. (그럼에도 불구하고 무사시노는 상위 5위의 매출을 올리고 있다.)

경영 서포트 사업부도 마찬가지다. 기본적으로 '비상장(非上場) 중소기업'을 대상으로 컨설팅(경영 지원)을 한다. 비상장 중소기업은 상장(上場) 기업이나 대기업과 달리 '사장이 교체될 확률'이 낮은 편이라 하향식(top-down) 방식을 통한 경영 개선이 가능하다.

또한 중소기업 중에서도 '현실, 현장, 현물'이 있는 중소기업만을 대상으로 한다. '현실, 현장, 현물'이 있으면 무사시노의 시스템을 전수하기 수월하기 때문이다.

수많은 사장들이 '마켓을 넓히는 것이 옳다'라고 생각하는데, 이는 잘못된 생각이다. 회사 이익은 점유율에 정비례하므로 중소기업은 자사와 동일한 규모의 '작은 마켓에서 높은 점유율을 확보하는 것'이 옳다.

다시 말해서 중소기업은 '작은 마켓'에서의 점유율이 중요하다. 따라서 상권을 넓히지 말고 '지역 안에서 No.1이 되기 위한', '판매 상품이 하나일지라도 그 상품을 No.1으로 만들기 위한' 전략을 펼쳐야 한다.

○ **'한 번 팔면 그것으로 끝이다'라는 식의 사업은 하지 않는다**

무사시노의 핵심 사업은 두 가지다. '경영 지원 사업'과 '지역 밀착 사업(더스킨 사업)'이다.

1 '경영 지원 사업'

▪ 경영 서포트 사업 본부

16년 연속 매출 증가를 기록하고 있는 무사시노를 '살아있는 경영 쇼룸'으로 공개한다. '보고 배우고 체험하고 공유하는 실천형 프로그램'을 제공하는 경영 컨설턴트 사업이다.

2 '지역 밀착 사업(더스킨 사업)'

▪ 클린 서비스 사업부 및 케어 사업부

사무실, 상점, 가정환경을 향상시키기 위한 렌탈(대여) 상품을 취급한다. 또한 환경 클리닝 서비스, 천연수 배달 서비스를 제공하고 있다.

▪ 라이프 케어 사업부

더스킨의 시니어 서비스다. 방문 케어를 비롯해서 통원과 외출을 곁에서 도와주고 보살피는 시니어 사업이다.

이 두 가지 사업은 얼핏 보기에 전혀 다른 영역인 것 같지만 공통점이 있다. 바로 '반복성(repeat)'이다.

무사시노는 동일한 고객이 반복적으로 상품을 구매하는 사업을 전개하고 있다. '경영 지원 사업'과 '지역 밀착 사업(더스킨 사업)'은 취급하는 상품만 다를 뿐이다.

일반적으로 비즈니스 모델은 크게 '두 가지'로 나뉜다.

'대포'를 파는 비즈니스 모델과 '탄환'을 파는 비즈니스 모델
이다.

▪ '대포'를 파는 비즈니스 모델

단가는 높지만 한 번 구입하면 한동안 구입할 일이 없어서 다
음 구매로 이어지기 어렵다.

▪ '탄환'을 파는 비즈니스 모델

단가는 낮지만 대포를 산 사람은 반드시 탄환을 주기적으로
보충해야 하므로 이익이 안정적이다. 동일한 고객에게 동일한
상품을 정기적으로 반복해서 판매할 수 있다.

'대포는 팔지 않지만 탄환은 판다'가 무사시노의 비즈니스 모
델이다.

'경영 지원 사업'과 '지역 밀착 사업(더스킨 사업)'은 반복해
서 발생하는 고객의 수요, 즉 리피트 니즈(repeat needs)를 타깃
으로 사업을 전개하고 있다.

○ 경쟁자가 없는 사업은 하지 않는다

경쟁자가 없는 사업은 실패한다. 왜냐하면 경쟁자가 없다는 것은 '마켓이 존재하지 않는다(고객이 없다)'는 의미이기 때문이다.

이동 전화 시장이 커진 것은 경쟁사가 공존하기 때문이다. 일본의 경우 NTT 도코모, au, 소프트뱅크가 치열한 경쟁을 벌이고 있다.

과거에 나는 마켓이 없는 분야에 무모하게 진출했다가 참패를 맛본 적이 있다. 바로 '크리에이트' 사업이다. (부동산 등기부나 주민 기본 대장을 열람하고 데이터베이스화해서 패키지 상품으로 판매하는 사업)

무려 30억 원을 투자했지만 매출은 고작 3억 원이었다. 심지어 철수하는 데, 3억 원을 은행에서 빌려야 했다.

마켓이 없었던 것이 실패 원인이었다. 즉 경쟁자가 없는 대신에 고객도 없었던 것이다.

○ 회사 연혁보다 오래된 마켓에는 진입하지 않는다

신규 사업을 시작할 때는 '회사 연혁보다 오래된 마켓'에는 진입하지 않는다. 회사보다 오래된 마켓은 규제가 심하기 때문이다.

반면에 새로운 마켓은 규제가 거의 없다. 규제가 없으면 아무래도 하고 싶은 일을 추진하는 데 수월하다.

○ '아무도 하지 않는 것'(실적이 나오지 않는 것)은 하지 않는다

우리가 사는 세상은 끊임없이 변화한다. 10년 후도 20년 후도 '지금과 같은 사람'이 '지금과 같은 사고방식'과 '지금과 같은 방식'으로 '동일한 사업'을 계속할 수는 없다.

어제까지 순조로웠던 사업이 내일도 별일이 없으리라는 보장은 어디에도 없다. 그래서 시대 요구에 부응하는 서비스를 제공해야 한다.

'현상 유지'로는 세상과 고객에게 외면당할 뿐이다. 변화에 대응할 수 없다면 순식간에 경영난이라는 고통의 나락으로 떨어지고 말 것이다.

따라서 '지금과 같은 사람', '지금과 같은 사고방식', '지금과 같은 방식'을 버리고 '새로운 것'을 받아들이고 접목시켜 나가야 한다.

'새로운 것을 해야 한다'고 해서 '아무도 하지 않은 것을 하라'는 뜻은 아니다. '새로운 것'이란 '아무도 하지 않은 것'이 아니다.

- '다른 사람은 성과를 내고 있지만 자신은 아직 하고 있지 않은 것'
- '다른 업계에서는 상식이지만 자신이 속한 업계에서는 상식이 아닌 것'을 말한다.

'다른 업계의 성공 사례', '다른 업계에서 실적이 나타나고 있는 것'을 자신이 속한 업계에서 최초로 실행하는 것이 경쟁사와의 격차를 벌리는 요령이다.

무사시노가 성장을 거듭할 수 있는 이유는 '다른 업계에서 좋은 성과를 내고 있는 것'을 따지지 않고 있는 그대로 도입하기 때문이다.

'언젠가 할 거라면 지금이다'

내 좌우명은
'언젠가 할 거라면 지금이다'이다.

또한 일하는 방식은

'생각났다면, 떠올랐다면 곧바로 실행한다'이다.

심사숙고하거나 오래 고민하지 않는다. 심사숙고도 고민도 판단의 정확성을 보장하지 못한다고 생각하기 때문이다.

경영에 있어서 속도(speed)가 생명이라는 것을 모르는 사람은 없다. 그런데 대부분의 사장이 '속도'의 개념을 잘못 인식하고 있다. 속도란 '서둘러 작업하는 것'이 아니다.

'빨리 시작하는 것'이다.

격변하는 현대 사회에서 살아남으려면 하루라도 빨리, 아니 1분이라도 '빨리 시작해야' 한다. 이것이 승패를 가르는 열쇠다. 사장이 해서는 안 되는 가장 큰 시간 낭비는 결단과 실행을 '뒤로 미루는 것'이다.

내가 '곧바로 실행하는', '지금 당장 실행하는' 이유는 다음의 '네 가지' 때문이다.

● 곧바로 실행해야 '적기'를 놓치지 않기 때문

● 곧바로 시작해야 빨리 '방향 전환'을 할 수 있기 때문

● 어차피 경험이 없는 일은 '생각할 수 없기' 때문

● 정확성은 '시행착오(try&error)'를 통해서만 얻을 수 있기 때문

○ 곧바로 실행해야 '적기'를 놓치지 않기 때문

일에는 타이밍이라는 것이 있어서 실행에 옮기는 데, 몇 개월 혹은 몇 년의 시간이 걸리면 '적기'를 놓치고 만다.

큰 변화는 전조 현상으로 항상 '작은 변화'가 나타난다. 일상의 업무 속에서 생긴 '작은 의문', '작은 변화'를 놓치면 큰 변화에 뒤처질 수밖에 없다. 변화는 회사 내부 사정이나 상황을 기다려주지 않는다.

무사시노의 빠른 성장은 속도가 남다르고 '적기를 놓치지 않았기 때문'에 가능한 것이다.

더스킨 매트 & 걸레 서비스 업계는 25년 전부터 매출 규모가 하락세였다. 그럼에도 무사시노가 지속적으로 매출을 올리고 있는 이유는 타사보다 먼저 디지털화에 힘쓰며 '작은 영역, 높은 점유율'의 전략을 철저하게 전개해 왔기 때문이다. ('하지 않는다'를 먼저 정해서 상권 범위를 좁혔고 경영 자원을 집중적으로 투자함으로써 점유율을 높였다. 점유율은 현재 고가네이 시에서 홈서비스가 85%, 비스니스 서비스가 45%를 차지하고 있다.)

일반 회사는 키보드로 호스트 컴퓨터를 작동시키는데, 무사시노는 '아이패드(iPad)'를 사용한다. 당시에 이와 동일한 수준의 디지털화를 도입한 회사는 세계에서 200개 정도밖에 없었다.

○ 곧바로 시작해야 빨리 '방향 전환'을 할 수 있기 때문

빨리 시작하면 그만큼 빨리 변화에 대처할 수 있다. 예상대로 결과가 나오지 않아도 재빨리 궤도를 수정할 수 있다.

'시간을 들여서 정보를 수집하면 판단의 정밀도가 높아진다' 고 생각하는 사람이 있는데 실제로 그럴까?

시간을 많이 들였다고 많은 정보를 수집할 수 있는 것은 아니다. 또한 애써 정보를 수집했어도 필요 이상으로 너무 많은 경우에 경험과 능력이 없으면 제대로 활용할 수 없다. 과유불급이라고 정보가 너무 많아도 잘못된 판단을 내릴 수 있다.

정보나 판단의 정확성은 사장이 결정하는 것이 아니라 마켓 (고객)이 결정하는 것이다.

상품이나 서비스가 팔려야 비로소 '이 정보가 옳았다', '그 판단이 맞았다'라고 알 수 있지 않는가?

이처럼 옳고 그름은 '나중'이 아니면 알 수 없다. 따라서 한시라도 빨리 마켓의 판단에 맡기는 편이 낫다. 물론 상품이 팔리지 않아서 실패를 맛볼 수도 있겠지만 실패하더라도 궤도를 수

정하면 된다. 빨리 실패하면 빠르게 방향 전환을 할 수 있다.

실제로 무사시노는 수년 전에 '시니어 케어 사업'에 도전했다가 어마어마한 규모의 적자를 낸 적이 있다. 최고 수준의 간부네 명을 투입해서 7억 6천만 원을 투자한 사업이었는데, 생각보다 마켓이 너무 작았던 것(Niche market)이다. 나는 1년 만에 더 이상 가망이 없다는 판단을 내리고 철수하기로 결심했다. 만일 결심이 조금이라도 늦었더라면 타격이 너무 커서 적자가 눈덩이처럼 불어나 경영 지원 사업의 성장 기회마저 놓쳤을지도 모른다.

빠른 의사 결정에는 반드시 오류가 따르기 마련이다. 하지만 곧바로 방향 전환을 하면 첫 번째 판단이 틀렸더라도 치명적인 타격으로 이어지지 않는다. '시니어 케어 사업'으로 떠안은 손실은 다행이 1년 만에 회수했다.

○ 어차피 경험이 없는 일은 '생각할 수 없기' 때문

'생각'은 '경험에서 얻은 데이터를 머릿속에서 찾아내는 시간'을 뜻한다. 그래서 경험이 없는 사람은 어차피 생각할 수 없다.

스킬 '10'(경험과 체험의 양이 10)을 가진 사람이 내놓는 답은 1개월을 생각해도, 1주일을 생각해도, 1일을 생각해도, 1시간을 생각해도, 1분을 생각해도 '10'이다.

그렇다면 1분만 생각하고 곧바로 실행하는 것이 정답이지 않겠는가?

인간은 경험해 보지 않은 일은 잘할 수 없다. 시간을 들여서 정보를 수집한들, 면밀하게 시뮬레이션을 실행한들 처음 하는 일은 대개 실패하기 마련이다.

그렇다면 한시라도 빨리 직접 실행해 보고 경험을 쌓는 편이 낫지 않겠는가? 즉 '생각'보다 '실행'이 먼저다.

○ 정확성은 '시행착오(try&error)'를 통해서만 얻을 수 있기 때문

갑자기 떠오른 생각은 근거가 필요 없다. 적당히 하면 된다. '이렇게 하면 좋지 않을까?', '이렇게 하면 잘될 것 같은데' 하는 생각이 떠올랐다면 일단 해보는 것이다. 성패는 직접 해보지 않으면 아무도 모른다. 실행해 보고 아니면 수정하고 개선하면 된다.

대부분의 사장들이 한 번에 성공하려고 애를 쓰는데, 경영에서 중요한 것은 '실패하지 않는다'(한 번에 성공한다)가 아니다. '시행착오'를 반복하면서 조금씩 정답에 가까이 다가가는 것이다.

예전에 도산 직전의 상황까지 내몰렸던 무사시노는 여러 번의 실패를 경험하면서 '같은 실수를 반복하지 않으려면 어떻게 해야 하는지'에 대해서 검증해 왔다. 무사시노가 증수 증익을 지속할 수 있는 이유는 우직하게 시행착오를 거듭해 온 결과다.

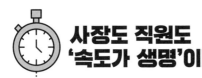

사장도 직원도 '속도가 생명'이다

사장이 하는 일의 승패는 '속도'에 좌우된다. 하지만 사장이 아무리 빨리 움직여도 실행해야 하는 부하 직원이 늦장을 부린다면 사장이 결정한 방침을 형태화할 수 없다. 따라서 무사시노는 직원에게도 그에 상응하는 속도를 요구한다.

'사장이 결정한 사안을 실행하는 속도'에 따라서 직원의 직책과 직위를 결정하는 것이다.

그렇다면 사장의 지시를 얼마(시간) 만에 실행에 옮기면 좋을까?

무사시노는 실행 속도와 직위를 다음과 같이 정한다.

- **임원 – 사장의 지시를 '1일' 안에 실행한다.**
- **부장 – 사장의 지시를 '1주일' 안에 실행한다.**
- **과장 – 사장의 지시를 '1개월' 안에 실행한다.**

직책에 따라서 사장의 지시를 처리하는 시간을 정해두면 직원의 시간에 대한 의식도 달라진다.

사장도 직원도 '속도가 생명'이다. 직책이 높을수록 더 빠르게 일을 처리해야 하므로 어떡해서든 일의 우선순위를 정한다.

우선순위를 정하는 방법은 '중요한 일부터 순번을 정한다'가 기본이다. 그런데 순번을 어떻게 붙여야 할지 망설여질 때(모든 일이 중요하다는 생각이 들 때)는 다음의 두 가지 포인트를 고려해서 우선순위를 정하면 좋다.

[우선순위를 정하는 방법]

- **포인트 1 – 마지막으로 들어온 일(새롭게 지시를 받은 일)부터 한다**
  사람은 일의 중요도에 따라서 우선순위를 정하려고 한다. 하지만 나는 중요도에는 별반 차이가 없다고 생각한다. 왜냐하면 모든 일이 중요하기 때문이다.

그래서 '마지막으로 들어온 일(새롭게 지시를 받은 일)'을 최우선으로 처리한다. 시간이 꽤 지났는데도 하지 않은 일은 내버려 둬도 괜찮다. 몇 주일이든 몇 달이든 방치한 일을 지금 할 필요는 없다.

■ 포인트 2 - 쉬운 일을 우선시한다

여러 일을 처리할 때는 '확실하게 처리할 수 있는 일이 어느 것인지'를 생각한다.

대개 업무는 서로 연관된 경우가 많다. 그래서 어느 한 가지를 마치면 자동적으로 다른 문제(일)가 해결되기도 한다. 일단 시작하기 쉬운 일(처리하기 쉬운 일)부터 한다.

보통은 '처음 지시를 받은 일'부터 순번을 매기기 마련인데 이래서는 일에 속도가 나지 않는다. 직원의 일처리 속도를 높이려면 '마지막으로 지시를 받은 일을 먼저 하라'고 교육해야 한다.

'겹치기 약속은 나쁘다'라는 죄의식을 버려라

스케줄을 짤 때 대부분의 사장들이 '약속을 겹치게(double booking) 잡아서는 안 된다'라고 생각한다. 이미 선약이 있는데 겹치게 다른 약속을 잡으면 양쪽 모두에게 피해를 줄 수 있기 때문이다.

그런데 나는 반대다. 오히려 '겹치게 잡아야 한다'라고 생각한다.

일정이 겹쳤을 때는 두 스케줄 중에 '어느 쪽이 우선인지(어느 쪽이 중요한지)'를 따져보고 '우선순위가 높은 쪽을 선택한 후에 우선순위가 낮은 쪽을 다른 날로 옮기면' 된다.

항공사나 유명 리조트 호텔은 계획적으로 '오버부킹(over booking)'을 한다. 고객이 비행기 좌석과 숙박을 예약했어도 당일에 취소하는 경우가 발생하기 때문이다. 과거의 통계를 통해서 취소 가능성이 있는 것을 알면서도 좌석을 공석으로 운항하는 것은 공공 교통 기관으로써의 편리성에 반하는 행위다.

호텔의 경우 ○월○일까지의 숙박은 이튿날에 판매할 수 없다.

이와 마찬가지도 나도 의도적으로 약속을 겹치게 잡는다.

취업 준비생을 위한 '회사 견학'과 기업을 대상으로 한 '현장 견학'을 같은 날에 개최한다.

그렇게 하면 무사시노는 '사람들로 북적'여서 학생을 포함한 견학 참가자들에게 '무사시노는 활기가 넘친다', '무사시노는 고객이 몰려드는 회사다', '무사시노는 사람들이 관심을 갖는 회사다'라는 인상을 심어줄 수 있다.

또한 A사와 B사에게 '비교 견적'(복수의 거래처에게 동일한 조건으로 견적을 제출을 받아서 비교하는 것)을 받을 때는 A사 담당자가 미팅을 마치고 돌아가기 '조금 전'에 맞춰서 B사 담당자를 부른다. (A사 담당자가 돌아가는 시간과 B사 담당자가 들어오는 시간을 겹치게 하는 것이다.) 이렇게 하면 A사와 B사가 서로 상대방의 존재를 의식하기 시작한다.

그리고 A사의 제안서를 나중에 온 B사 담당자에게 보여주거나, 사전에 B사에게 제안서를 받았다면 그 제안서를 '그잖아도 B사에서 이런 제안을 했는데…'라며 A사 담당자에게 보여준다. 그러면 A사 담당자와 B사 담당자가 '경쟁사에 이번 계약을 빼앗길 바에는 가격을 조금 낮추는 방향으로 조정하는 게 좋지 않을까?'라는 생각을 해서 가격 조정이 훨씬 수월해진다.

'겹치기 약속은 나쁘다'라는 사고방식을 버리고 겹치기 약속을 두려워하지 말아야 한다.

그래야 시간을 보다 유연하게 쓸 수 있다.

 ## '시간에 일을 배분'하면 늘어지지 않는다

시간을 효율적으로 활용하지 못하는 사장은 일에 시간을 배분한다.

즉 '이 일을 끝내는 데 3시간 걸릴 것이다', '이 일은 1주일 정도 걸릴 것이다' 등 일의 양과 질, 난이도에 따라서 소요 시간을 예측한다.

그런데 실제로 일에 착수해 보고 '3시간 내에 끝내지 못했을 때'는 어떤가? '일을 완수할 때까지(끝낼 때까지)' 시간을 연장해서 계속하지 않는가?

나는 일에 시간을 배분하지 않고 시간에 일을 배분한다.

'시간에 일을 배분한다'는 것은 '종료 시간을 먼저 정한다'는 뜻이다.

대개 사람들은 일을 시작하는 시간은 정하지만 종료 시간은 정하지 않는다. 대충 '3시간 정도면 끝나겠지?'라고 예상하고 종료 시간을 정하지 않는다. 그래서 일을 질질 끌고 만다.

하지만 나는 '이 일은 1시간에 끝낸다'라고 정했으면 약간 무리해서라도 1시간 안에 반드시 끝낸다. 일단 끝내고 나중에 '빈 시간'에 수정한다. 처음부터 100점 만점일 필요는 없다.

예전에 나는 부하 직원이 외근을 나갔을 때에 '몇 시에 출발해서 몇 시에 돌아오는지'를 기록한 적이 있다.

얼마나 걸리는지를 파악하고 '같은 양의 일을 처리하고 평소보다 일찍 돌아오면 밥을 사겠다'고 약속했다. 그랬더니 어떤 일이 벌어졌는지 아는가? 열이면 열, '공짜 밥을 먹고 싶다', '공짜 술을 마시고 싶다'라는 불순한 동기에 이끌려 빨리 돌아오곤 했다. (웃음)

평소에 저녁 7시까지 일을 하던 사람도 '오늘은 6시부터 A씨의 송별회가 있다'라는 말을 들으면 점심을 빨리 먹고 남은 시간을 활용하거나 항상 걸어 다니던 거리를 자동차로 이동하는 등 어떡해서든 약속 시간에 맞추려고 다양한 방법을 동원한다. 그리고 5시 30분에는 모든 일을 끝낸다.

이렇듯 '몇 시까지 일을 끝내겠다'고 종료 시간을 정하면 '어떻게 하면 그 시간에 맞출 수 있을지'를 역산해서 움직이게 된다. 즉 시간을 활용하는 방법이 달라진다.

2장

돈 잘 버는
사장의
'365일'
계획 책정

일은 '월 단위'가 아니라 '주 단위'로 생각한다

회계 보고 제도가 '월 단위'라서 회사는 대부분 '월 단위'로 업무를 처리한다. 월말이 다가오면 '이번 달의 매출을 얼마나 더 채워야 하는지'를 따져보고 한숨을 내쉬는 것도 '월 단위'로 업무를 보기 때문이다.

그런데 실제로 회사 업무는 '월 단위'가 아니라 '주 단위'로 진행된다.

'월요일부터 금요일까지 일하고 토, 일요일은 쉬고', '수요일은 정기 휴무일'이다. 무사시노의 스케줄은 '4주 1사이클'이 기본이다.

사람이 죽으면 불교식 장례로 '초칠일', '사십구일' 등 7일마다 제를 올린다. 또한 음력으로 한 달은 28일(7일×4주간)이었다고 한다. 옛날부터 '주 단위'가 이치에 맞았던 것이다.

서양에서도 마찬가지다. 예를 들어 트럼프 카드가 그렇다. 네 종류의 수트(Suit, 하트나 다이아몬드 등의 마크 모양)가 각각

13장씩, 총 52장으로 구성되어 있다. 카드 한 장을 7일이라고 생각하고 계산하면 52주×7일=364일이다. 여기에 조커 카드를 한 장 더하면 365일이 된다.

무사시노는 '사업 연도 계획'(경영계획서에 기재되는 연간 달력)의 경우에 1년을 '4주 1사이클'로 A주, B주, C주, D주로 나누어 스케줄을 정한다.

그리고 'A주의 수요일은 기간(基幹) 지원 미팅', 'C주의 월요일은 부서회의', 'D주의 화요일은 리더회의', 'D주의 금요일은 환경 정비 점검일'로 패턴화해서 이 사이클대로 일정을 운영한다.

4주 1사이클

날짜	요일	주차	메모
10.7	월		
10.8	화		
10.9	수		
10.10	목	A	
10.11	금		
10.12	토		
10.13	일		
10.14	월		
10.15	화		
10.16	수		
10.17	목	B	
10.18	금		
10.19	토		
10.20	일		
10.21	월		
10.22	화		
10.23	수		
10.24	목	C	
10.25	금		
10.26	토		
10.27	일		
10.28	월		
10.29	화		
10.30	수		
10.31	목	D	
11.1	금		
11.2	토		
11.3	일		

A주, B주, C주, D주, 이렇게 '네 가지로 패턴화'해서 사이클대로 일정을 추진한다.

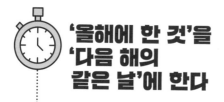

'올해에 한 것'을 '다음 해의 같은 날'에 한다

연간 스케줄을 짜는 가장 간단한 방법은 '올해에 한 것을 다음 해의 같은 날에 하기로 정하는 것'이다.

즉 올해의 스케줄 수첩을 보고 그대로 다음 해의 스케줄 수첩에 옮겨 적으면 연간 스케줄은 완성이다.

라면집이 다음 해부터 느닷없이 콘크리트 제품을 파는 회사가 될 리가 없고, 콘크리트 제품을 파는 회사가 다음 해부터 느닷없이 더스킨 상품을 판매하거나 대여하는 회사가 될 리가 없다. 또한 더스킨 사업을 기반으로 하는 회사가 느닷없이 다음 해부터 출판사가 될 리가 없다.

어떤 회사든 매년 동일한 사업 활동, 이를 테면 창립기념일 및 경영계획발표회, 입사식, 이벤트 상품 매입, 직원 여행 등을 거의 같은 시기에 추진한다.

그렇다면 '매년 바뀌지 않는 것', '매년 하는 일'을 명확하게 패턴화하면 연간 스케줄을 쉽고 빠르게 결정할 수 있지 않을까?

대부분의 사장들이 '1년 후에 무슨 일이 생길지 모른다'고 말하는데, 그렇지 않다. 오히려 내일 당장 무슨 일이 생길지 모른다.

올해에 했던 일을 다음 해의 같은 날에 하고 만일 공휴일이라면 앞뒤로 조정한다. 그러면 다음 분기의 스케줄을 간단하게 세울 수 있다.

담당자는 서열에 따라서 자동적으로 결정된다

무사시노의 경영계획서에는 '배부 일람'이라는 것이 있다. 서열(사내 평가 등급)에 따라서 직원 이름이 기재되어 있다. 직원의 서열은 과장급 이상이 투표로 결정한다. 360도 중목평가(복수의 평가자가 대상자를 다면적으로 평가하는 방법)로 결정하므로 직원들은 불평할 수 없다.

사업 연도 계획에는 각각의 일정에 '담당자'가 명기된다.

담당자는 직원의 '서열'에 따라서 자동적으로 결정되는 구조다. 예를 들어 제54기 제1사이클의 '버스워칭' 담당자가 다케우치 히데키 과장이었다면 배부 일람을 보고 다케우치 히데키(No.49)의 다음 서열에 해당하는 직원이 누구인지를 찾는다. 우시지마 히로키(No.50)가 그 다음 서열이므로 제55기(이번 분기)에는 우시지마 히로키가 버스워칭을 담당하는 식이다.

작년도 담당자의 '그 다음 서열에 해당하는 직원'이 이번 연도의 담당자가 되고, 이번 연도의 담당자 '그 다음 서열에 해당하는 직원'이 다음 연도의 담당자가 되는 구조다.

서열에 따라서 담당자가 자동으로 결정된다

제54기

스케줄

		길흉 여부	주	방침	새벽	적요 및 생일
10.7	월	흉일	B	운전A	=	버스워칭① (다케우치 히데키)

제54기의 서열

No.49 다케우치 히데키 ◀ 올해 담당자

No.50 우시지마 히로키 ◀ 다음해 담당자

제55기

제55기의 버스워칭 담당자는 우시지마 히로키

제55기의 서열

No.52 우시지마 히로키 ◀ 올해 담당자

No.53 사카모토 야스타카 ◀ 다음해 담당자

제56기의 버스워칭 담당자는 사카모토 야스타카

■ **버스워칭** – 대형 버스를 빌려서 모든 직원을 태우고 전체 영업소를 돌면서 '무사시노가 어떻게 변했는지'를 시찰한다. 이를 통해서 직원은 실적이 좋은 다른 영업소의 시스템을 자신의 영업소에 접목시킬 수 있다.

이번 연도의 담당자가 정해지면 다음 연도의 담당자는 자동적으로 결정된다.

이렇게 하면 직원(다음 연도의 담당자)은 '내년에는 내 차례군. 내년에 잘하려면 이번에 저 사람 옆에서 보조를 좀 해봐야겠다', '이번에 노하우를 좀 배워야겠다' 등 자발적으로 나서서 돕게 된다.

경영은 '과거 계산'이 아니라 '미래 계산'으로 생각한다

무사시노는 매년 5월(무사시노의 첫 분기)에 '경영계획발표회'를 열고 경영계획서에 기재된 방침과 숫자(數字)에 관한 설명을 내가 직접 한다. (직원 서열도 경영계획발표회의 당일에 발표한다.)

직원이 회사 방침에 대한 공통 인식을 갖고 있는 회사와 그렇지 않은 회사는 전혀 다르기 때문이다.

■ **경영계획서칭** – 사칙(규칙, 규정, 방침 등)이나 정확한 목표 숫자(사업 구상, 경영 목표, 이익 계획 등)를 제시하는 '보다 좋은 회사를 만들기 위한 도구'다.

| 숫자 |

경영계획서에서 제일 먼저 정하는 것이 바로 목표 숫자(경상이익)다.

이번 분기에 이익을 얼마나 내고 싶은지, 5년 후에 이익을 얼마나 낼 것인지 등을 숫자로 표시한다. (5년에 매출 2배를 목표로 세운다.)

| 사칙(방침) |

고객 및 환경 설비, 상품, 판매에 관한 방침 등을 명문화한다.

【경영계획서 작성에서 경영계획발표회까지의 스케줄 】

경영계획발표회가 열리는 '5월'을 기준으로 역산에서 매년 '2월'부터 경영계획서를 작성하기 시작한다.

○ 2월 - '숫자'를 만든다

스케줄을 작성할 때는 최종 목표를 기준으로 역산해서 '언제까지 무엇을 할 것인지'를 구체적으로 생각하는 것이 기본이다.

대학 입시를 준비할 때 시험 날짜를 기준으로 역산해서 계획을 세우지 않는가? 그렇게 해야 '언제부터 무슨 과목을 공부하면 좋을지'를 결정할 수 있다.

결혼도 결혼식 일정이 잡히면 좌석 배치를 정하는 날짜나 청첩장을 보내는 날짜 등을 결정할 수 있다.

이와 마찬가지로 경영도 역산이 기본이다. 즉 '과거 계산'이 아니라 '미래 계산'으로 생각해야 한다.

경영 이익은 얼마, 그러려면 경비로 얼마를 사용하고 매출은 얼마를 올린다 등 제일 먼저 이익을 정하고 그를 실현하기 위한 수단을 역산해서 정한다.

나는 경영 계획 숫자를 '대충' 정한다. 대략적으로, 대충, 적당하게 숫자를 생각하고 임원들을 소집해서 숫자를 배분한다.

이를테면 야지마 시게토 전무이사를 불러서 "야지마 전무이사가 달성해야 할 다음 분기의 영업 이익은 '160억 원'이네. 힘들 것 같으면 말해주게"라고 말한다. 그러면 야지마 시게토 전무이사는 직속 부하인 사토 요시아키 이사에게 가서 "사토 이사에게 할당된 숫자는 160억 원입니다. 힘들 것 같으면 말씀하세요"라고 전달한다.

숫자를 할당을 받은 사토 요시아키 이사는 직속 부하인 나카시마 히로키 본부장과 시무라 아키오 본부장에게 가서 "나카시마 본부장에게 할당된 숫자는 100억 원, 시무라 본부장에게 할당된 숫자는 60억 원입니다. 힘들 것 같으면 이야기 하세요"라고 전달한다.

이렇게 하면 나카시마 히로키 본부장과 시무라 아키오 본부장도 각자 부하 직원에게 가서 '○○는 얼마, ○○는 얼마, 어려울 것 같으면 말하라'라며 숫자를 배분한다.

이렇게 내가 적당하게 정한 숫자를 일반 직원들까지 배분하고 '가능하다, 어렵다'를 조정하면서 직원들 각자의 목표 숫자를 정해나간다.

보통 이런 과정을 통해서 결정된 계획은 전년대비 15~150%로 커진다. 31년간 사장으로 일하면서 계획이 100% 실행된 적은 단 한 번도 없었지만 전년 매출을 밑돈 적도 없었다. 사장으로 취임했을 때에 77억 원, 현재는 770억 원이다.

○ 3월 – '방침'을 만든다

숫자가 결정되면 그 숫자를 달성하기 위해서 '해야 할 일과 하지 말아야 할 일', '가능한 일과 불가능한 일'이 명확해진다.

무사시노의 경영계획서는 제36기까지는 내가 혼자 작성했다. 지금은 매년 3월에 부장급 이상의 직원과 프로젝트 리더가 모여서 해당 분기의 경영계획서 방침을 어세스먼트(경영계획서 작성을 평가하는 것)한다.

'이 방침은 실행할 수 있었다', '이 방침은 실행할 수 없었다'

'이 방침은 성과를 냈다', '이 방침은 성과를 내지 못했다'

이렇게 '○, ×'로 평가해서 중지해야 할 방침과 지속해야 할 방침을 검토한다.

경영계획서의 내용을 '리더십', '개인 및 조직 능력', '전략과 프로세스', '고객 만족', '결과' 이렇게 다섯 가지 요소로 나눠서 '강점'(실행해서 성과를 올린 방침)과 '약점'(실행해서 성과를 올리지 못한 방침)으로 레벨 평가를 실시한다. 간부가 '새로운 방침이 필요하다'는 판단을 내리면 어세스먼트할 때 원안을 만

실행계획서 샘플

실행계획서

일시	상사서명란	사장서명란

년   월   일 작성

3년 후에 달성해야 할 목표(비전)

사업부·팀, 프로젝트 이름

_____

리더 이름

_____

달성 상황의 평가 방법 (누가 언제 어디에서 어떻게)

구성원 이름

_____

	중점시책 (항목)	월	평가	월	평가	월	평가
목적							
중점방침							
목표							
평가척도							

든다.

간부가 내놓은 방침은 내가 직접 확인하고 최종적으로 사장 책임 하에 경영계획서 방침을 확정한다. 월별 단위는 부장이 맡아서 하고 장기사업구상서(5년 계획 숫자)는 나와 임원이 '적당히' 만든다.

○ 4월 – 각 부서의 시책을 만든다

회사 방침은 사장이 명확하게 정하는 반면에 각 사업부의 개별 방침은 '현장'이 정한다. 6개월에 한 번씩 모든 직원과 아르바이트, 파트 타이머 등 현장 당사자가 '사내 어세스먼트'를 실시하고 직접 실행계획서를 작성한다.

사업부마다 지난 6개월을 되돌아보고 실행했던 시책 가운에 '성과를 낸 것'과 '성과를 내지 못한 것'을 검증한다.

- 성과가 나온 것 → 지속
- 성과가 나오지 못한 것 → 새로운 시책으로 변경

○ 5월 – 경영계획발표회

경영계획발표회에는 약 200명이 참여한다. 직원(과장급 이상

과 6개월 동안 A평가를 받은 성적이 우수한 직원)과 거래 은행
(지점장급)을 포함한 내빈, 경영 서포트 파트너 회원 등 1,000
여 명 정도가 발표회에 참석한다.

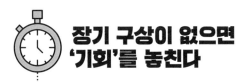

장기 구상이 없으면 '기회'를 놓친다

경영계획서에는 '해당 분기'의 경상 목표(매출, 조별이
익, 인건비, 경비, 경상이익, 매출연계 등) 외에 '장기사업구상
서'(장기사업계획)을 싣는다.

장기사업구상서에는 '5년 후'까지의 사업 계획, 이익 계획, 요
인(要因) 계획, 장치 및 설비 계획, 자본금 계획을 구체적인 숫
자로 명기한다.

나는 장기사업구상서에

'5년에 매출 2배'라는 장기 계획을 세운다.

이는 '천재일우(千載一遇)의 기회'를 놓치지 않기 위해서다.

찬스는 '미리 준비하지 않으면 잡을 수 없고,'

'문제의식이 없으면 잡을 수 없다.'

따라서 올바른 경영 판단은 '6개월 후, 3년 후, 5년 후에 어떻게 할 것인지'를 장기적 관점에서 생각하고 '지금 무엇을 해야 하는지'를 역산해서 결정하는 것이다.

문제의식이 약하거나 '지금 무엇을 해야 하는지', '지금 무엇이 필요한지'를 전혀 파악하지 못한다면 바로 눈앞에 기회가 있어도 알아차리지 못한다.

일상의 정보나 눈앞에서 일어난 일을 기회로 활용하기 위해서는 문제의식을 높여야 한다. 즉 '6개월 후, 3년 후, 5년 후에 어떻게 할 것인지'를 명확히 하는 것이 무엇보다 중요하다.

장기사업구상서
(출처는 주식회사 무사시노의 '제50기 경영계획서')

이 구상서는 꿈에 도전하기 위한 계획이다. 객관적인 정세 변화와 사장의 비전을 토대로 끊임없이 긍정적인 방향으로 수정될 수 있다.

1. 기본

(1) 목적을 명확히 하고 가설을 세워서 계획을 짠다. 실적을 바탕으로 검증하고 고객의 관점에서 앞으로 나아간다.

(2) 동일한 고객이 반복해서 이용할 수 있는 사업으로 특화한다. 대포는 팔지 않는다. 탄환은 판다.

(3) 경영은 안주하지 않고 항상 혁신을 꾀하며 망하기 어려운 체질로 만든다. 이익은 ①고객수 증가, ②직원 교육, ③인프라 투자, ④필요 이상으로 장기 차입금을 빌린다, ⑤신규 사업은 경쟁사가 있는 주변 사업으로 일관한다, ⑥경상 이익의 순으로 미래에 투자한다.

(4) 시장 및 사회 정세의 변화에 맞추어 때로는 방침을 크게 변경하는 결정을 내린다. 살아남는 것을 우선시한다.

2. 사업계획

(1) 변화는 당사의 사정과 형편을 기다려주지 않는다. 마켓에는 고객과 경쟁사밖에 없다. 마켓은 작아진다. 그럼에도 불구하고 당사는 고객을 개척한다.

(2) 클린 서비스 사업은 적극적으로 M&A를 한다.

(3) 케어 사업은 클린 서비스 사업과의 협업을 기본으로 한다.

(4) 홈 인스테드 사업(당시/현재는 라이프 케어)은 서비스를 받은 고객보다 돈을 지불하는 고객의 만족도를 높인다.

(5) 어세스먼트 기준서의 플레임 워크가 기업의 경영 혁신 도구임을 많은 기업에게 알리고 서포트 기업의 발전과 성장에 기여한다.

(6) 경영 서포트 사업은 클린 서비스 사업과 케어 사업의 현실, 현장, 현물을 서포트 상품으로 삼으며 타사가 모방할 수 없는 사업 영역에서 새로운 비즈니스 모델을 창조한다.

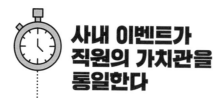

사내 이벤트가 직원의 가치관을 통일한다

'살아있는 경영 쇼룸'이라 불리는 무사시노에는 일차(日次), 주차(週次), 월차(月次), 연차(年次)마다 다양한 이벤트(행사)가 기획된다.

16년 연속 증수 증익을 뒷받침하는 사내 이벤트의 일부를 소개하도록 하겠다.

【 일일 행사 】

○ 아침 스터디

매일 '아침 스터디'(아침 7시 30분부터 8시 30분까지 1시간)를 한다.

아침 스터디를 강제 연수 야근(최저 임금×1.25)의 형태로 전환했더니 출석자가 배로 늘었다. (웃음) 출석 횟수는 상여 및 인사 평가에 반영한다. 6개월 동안 '참여 횟수가 20회 미만'일 경우에 상여 점수가 낮아지므로 실제로 '강제 출석'을 요구한다고 볼 수 있다.

아침 7시 30분부터 45분 동안(8시 15분까지)은 경영계획서와《계정 3판 일을 잘하는 사람의 마음가짐》에 대해서 내가 해설한다.

8시 15분부터 8시 30분까지 15분 동안은 아침 스터디에서 언급한 용어나 내용에 대해서 직원 각자가 '자신의 생각'과 '느낀 점'을 발표한다. 부하 직원이나 동료의 발표를 듣고 있으면 미처 자신이 깨닫지 못했던 점 등을 알 수 있다.

○ 환경 정비

무사시노는 매일 아침 30분 동안 청소(정리정돈)를 하는데 이를 '환경 정비'라고 부른다. '단 한 명도 빠짐없이, 단 하루도 빠짐없이 모든 직원이 현장을 청소'한다. 창문을 닦는다, 화장실을 청소한다, 바닥에 왁싱을 바른다 등 '오늘은 ○○청소를 한다'라는 식으로 분담해서 깨끗이 한다.

환경 정비의 목적은 사내 미화가 아니라 '일하기 쉬운 환경을 만들기 위해서'다. 일하기 쉬운 환경을 만들기 위해서 '정리정돈'을 철저하게 하는 것이다.

■ **정리 = 버리는 것** – 필요한 것과 불필요한 것을 나누어 철저하게 버린다. '하지 않는다'를 정한다.

■ **정돈 = 가지런히 하는 것** – 물건의 장소를 정하고 방향을 가지런히 맞춰서 언제든 누구나 사용할 수 있는 상태를 유지한다.

환경 정비는 업무 시간 내에 이뤄지며 급여가 지급된다. 또한 정기적인 확인(4주에 한 번씩 환경 정비를 점검)을 통해서 상여 평가에 반영한다.

○ **탁발(托鉢)**

더스킨 창업자인 스즈키 세이치(鈴木清一) 사장은 창업 전에 교토 야마시나쿠(京都府山科區)에 위치한 '잇토엔(一燈園, 메이지 말기에 설립된 봉사 단체)'에서 수학했다. 무사시노는 사회 공헌의 일환으로 잇토엔에서 실시하는 전통 '탁발'을 도입하고 있다.

업무 중에 차량을 많이 이용하는 탓에 배기가스, 소음을 비롯해 지역 주민들에게 피해를 끼치고 있는 실정이다. 그래서 조금이나마 지역 사회에 공헌하고자 '탁발 활동'(회사 사옥과 사업소 주변, 지하철역 주변을 청소)을 실시하고 있다.

○ 아침 인사

매일 아침 인사를 나누는 시간에 경영 이념과 칠정신(七情神), 경영계획서에 기재된 방침을 창화(唱和)한다.

그런데 무사시노 직원들은 수준이 높아서 한 귀로 듣고 한 귀로 흘리는 탓에 머릿속에 아무것도 남지 않는다. (웃음)

'그렇다면 아무런 의미가 없지 않은가?'라고 반문할 수도 있겠지만 그렇지 않다. 의미가 있다. 매일 반복해서 소리를 내어 말하다 보면 자연스럽게 '몸 전체의 모공을 통해서 머릿속으로 들어가기 때문'이다.

소리를 내어 읽으면 글이 마음속에 스며든다. 그래서 납득이 가는 것이다. 눈으로 보는 것(읽는 것)만으로는 납득할 수 없다.

[월차 행사]

○ 환경 정비 점검

무사시노는 4주에 한 번씩 전체 영업소와 전체 지점을 대상으로 '환경 정비 점검'을 실시한다. 언제 점검할지는 사전에 공지한다. (경영계획서의 연간 스케줄표에 점검일과 점검자를 명기)

'환경 정비 점검 시트'에 각 항목마다 '평가란'이 있어서 '○, ×'를 판단해서 체크한다. '△'는 없다.

'환경 정비 점검 점수'는 상여에 그대로 반영된다. (직원만이 아니라 아르바이트, 파트 타이머도 상여에 연동) 그래서 점수 결과에 따라서 상여 금액이 크게 달라진다.

환경 정비 점검은 사장이 '현장의 생생한 정보'를 얻을 수 있는 기회이기도 하다. 사장이 직접 현장에 나가서 현장의 목소리에 귀를 기울일 수 있다.

○ 그룹 간담회

사업부마다 간담회(친목회)를 개최한다. 임원 및 통괄 본부장, 과장급 이상의 직원, 해당 기간에 열심히 일한 직원, 아르바이트, 파트 타이머(간부 추천으로 2~3명 정도)가 참가한다. 직원이 임원 및 통괄 본부장에게 궁금했던 점을 질의 및 응답하는 시간을 갖는다.

○ 오리엔테이션

경력 사원이든 파트 타이머든 직책을 불문하고 무사시노에

입사하면 반드시 오리엔테이션을 받는다. ('시간×최저 임금'
의 수당을 지급)

오리엔테이션에서는 무사시노의 연혁과 시스템, 무사시노 그
룹에 대해서 설명한다.

또한 입사했을 때뿐만이 아니라 자신의 '생일이 있는 달'에도
참석한다.

지위나 연차에 관계없이 직원이면 누구나 연 1회 반드시 오
리엔테이션에 참석하는 것이 회사 규칙이다. 오리엔테이션에
참석함으로써 업무의 기본인 인사와 비즈니스 매너 등을 다시
한 번 점검하고 회사 방침을 재인식할 수 있기 때문이다.

○ 실행계획서 리뷰

6개월에 한 번 실시하는 '사내 어세스먼트'를 통해서 작성된 '실
행계획서'의 내용이 제대로 실행되고 있는지를 매월 확인한다.

○ 은행 방문(상세 내용은 91페이지)

융자를 받은 은행을 정기적으로 방문해서 '융자를 어떻게 사
용하고 있는지'를 보고한다. 은행에 무사시노의 현재 상태(매

출, 경비, 이익, 향후 사업 전개 등)에 대해서 숨김없이 샅샅이
보고한다.

은행 방문 일정은 경영계획서의 사업 연도 계획에 기재되어
있다.

○ 상사와 부하 직원의 개인 면담

상사와 부하 직원의 개인 면담은 '매달 한 번씩 실시하는 것'
이 의무화되어 있다.

커뮤니케이션은 횟수가 중요하다. 6개월에 한 번 정도의 면담
으로는 직원의 상태나 기분을 이해할 수 없다.

'6개월에 한 번, 1시간씩' 면담을 하기보다는 '한 번에 10분'
정도로 짧아도 좋으니 '매달 면담'을 실시하는 것이 상사와 부
하 직원의 가치관을 일치시킬 수 있다.

○ 임원회의/리더회의/진척회의/부서장회(상세 내용은 95페이지)

회의는 정보와 노하우를 공유하는 장으로, 또한 동기를 부여
하고 사기를 진작하는 기회로 반드시 필요하다. 무사시노는 원
칙적으로 대규모(많은 인원) '회의는 업무 시작 전'에 한다.

또한 윗사람이나 목소리가 큰 사람이 의견을 먼저 제시하면 아랫사람은 어쩔 수 없이 따라야 하므로 직책이 낮은 직원부터 발언권을 갖는다.

【6개월에 1회 행사】

○ 사내 어세스먼트(4월/10월)

사내 어세스먼트는 경영계획서 방침을 각 부서에서 어떻게 실행하고 있는지, 구체적인 시책으로 정착시키기 위한 '상향식(bottom up) 구조'로 이루어진다.

'각 사업부'의 평가와 회사 전체의 크로스펑셔널팀(Cross-Functional Team, 프로젝트를 중심으로 각 사업부에서 적합한 부서 직원을 차출해서 구성) 어세스먼트를 각각 2회씩(상반기와 하반기) 실시하고 '실행계획서'(실행 계획 시트)를 작성한다. '사업부 평가'는 직원만이 아니라 아르바이트와 파트 타이머 등 현장 당사자도 참여한다.

○ 정책 스터디(5월/11월)

무사시노는 1년을 크게 상반기(5~10월)와 하반기(11~4월)
로 나누어 각 분기 초에 정책 스터디를 실시한다. 직원과 아르
바이트, 파트 타이머, 외교원 등이 참석한 가운데 진행한다.

상반기(5월 개최)는 그 분기에 사용할 경영계획서를 배포하
고 사장이 스터디 초반에 중점 방침에 대해서 설명한다.

경영계획발표회에는 '과장급 이상의 직원'과 '6개월 동안 A평
가를 받은 우수 직원'만 참여하므로 그 이외의 직원에게도 회
사 방침을 발표하는 자리로 정책 스터디를 실시하는 것이다.

하반기(11월 개최)에는 시책 수정과 지금까지의 성과를 보고
한다.

기업 활동은 '현실의 변화', '고객의 변화', '경쟁사의 변화'에
재빨리 대처해 나가야 한다. 그래서 분기 중간에라도 방침을
크게 변경해야 하는 경우가 발생한다. 분기 중반에 변경한 방
침은 11월의 정책 스터디에서 발표한다.

정책 스터디는 2부로 구성되며 전반부는 성적 우수자 표창
등 각종 시상을 한다.

○ 오추겐(お中元, 신세를 진 사람에게 7~8월 사이에 선물을 보내며 성의 표시를 하는 문화)과 오세보(お歳暮, 세밑에 감사 선물을 보내는 문화) 방문(7월/11월)

나는 1999년까지 연간 450개 회사, 2000년부터는 250개 회사, 2010년부터 100개 회사(조이익이 높은 고객 순위)에 오추겐과 오세보를 맞이해서 직접 방문하고 선물을 전달한다.

선물은 택배로 보낼 수 있지만 마음은 보낼 수 없다. 그래서 오추겐과 오세보(호접란 혹은 시클라멘) 때에 직접 선물을 전달한다.

■ 오추겐 준비 – 06월 01일(감사 선물을 준비하고 방문처 목록을 작성)
■ 오세보 준비 – 11월 01일(감사 선물을 준비하고 방문처 목록을 작성)

집이나 사무실을 직접 방문함으로써 고객에게 감사의 마음을 전달하고 '고객의 쓴소리'를 가까이서 들을 수 있다. 고객의 불만에 귀를 기울이고 이를 개선에 반영하면 경쟁사로부터 현재의 고객을 지킬 수 있다.

단 방문한 곳에 오래 머물지 않는다. 특별한 용무가 없다면 '안녕하세요', '안녕히계세요'로 끝낸다. 이것이면 충분하다. 지금까지 30년 이상 지속해오고 있는데, 내가 감사 선물을 전달하려고 직접 방문한 회사 중에 경쟁사로 발길을 돌린 데는 단 한 곳도 없다.

○ 데이터네이처대회(9월/3월)

무사시노는 현장에서의 데이터 활용이 정착되어 있다. 사업 성장과 함께 다뤄야 할 데이터의 양이 늘어나면서 몇 년 전부터 BI툴(Business Intelligence, 방대한 데이터에서 필요한 데이터를 검색하거나 다차원적인 분석을 하는 지원 툴)인 '데이터네이처(Data Nature)'를 도입하고 있기 때문이다.

무사시노가 BI툴 사용에 적극적인 이유는 '현실을 즉시하고 사전에 대처해서 실행으로 옮기기 위해서'다.

데이터네이처대회는 현장에서 근무하는 직원이 직접 데이터를 가공하고 분석하는 데이터 마이닝(data mining)에 도전하여 각 부서가 그 성과를 겨루는 대회다. 매년 9월과 3월에 개최한다.

○ 전직원 스터디(7월/2월)

전직원 스터디는 제1그룹, 제2그룹의 직원을 대상으로 한다.

제1그룹은 현재 1등급으로 경력직으로 입사한 단기대학, 전문대학, 고졸, 중졸의 직원이다.

제2그룹은 현재 2등급으로 대졸자 및 경력직으로 입사한 단기대학, 전문대학, 고졸의 직원으로 실무 경험이 많은 사람 또는 성적이 우수한 아르바이트생이다.

연 2회 실시하며 직원은 사회 정세 변화나 회사 방침 등에 대해서 공부한다.

스터디가 끝난 후에는 회의장 주변을 청소(탁발)한다. 각 팀(4~5명)마다 배정을 받은 곳의 쓰레기를 줍는다. (본부장이 배정을 받은 장소를 깨끗이 청소하고 있는지 확인)

○ 평가 확정 면담(상여 면담 – 5월/11월, 승진 면담 – 4월)

무사시노의 간부 직원은 사장인 나와 연 3회 면담을 한다. 6개월마다 '상여 면담(5월/11월)'을 2회, '승진 면담(4월)'을 1회 한다.

면담은 빠르면 한 사람당 5분 정도면 끝난다. 시간이 길어지면 그만큼 불확정한 요소가 늘어나서 불공평하고 부정확해지기 때문이다. 면담은 짧을수록 정확하다.

평가 시트를 비교하면서 사장인 나와 직원의 점수가 상이한 항목에 대해서만 내가 설명한다. 그래서 오래 걸리지 않는다.

평가 확정 면담은 나와 직원 외에 직속 상사도 동석한다. 사장과 직원 둘이서 하는 일대일 면담은 직원이 불필요하게 긴장할 수도 있고 누구보다 직속 상사가 부하 직원에 대해서 제일 잘 알기 때문이다.

승진 면담은 한 사람당 3분이면 충분하다. 빠르면 1분만에도 끝난다.

○ 상여 지급일(6월/12월)

무사시노는 '상여금을 봉투에 넣어서 현금(만 단위)으로 지급하고 우수리는 계좌로 입금'한다.

또한 부장과 과장 중에서 '상여금이 가장 적은 직원'이 직접 '다른 직원의 봉투 채우기'(상여금 지급 봉투에 현금을 넣는 작업)를 한다.

2017년 상여금은 157%나 상승했다. 야근 76시간이 17시간으로 줄어서 상여를 대폭적으로 증액할 수 있었다.

【연간 행사】

○ 입사 내정자 드래프트(1월)

매년 1월에 신입사원의 인사를 결정하는 '드래프트회의'를 한다. 프로 야구의 드래프트 방식과 동일하게 각 사업부의 간부 (과장)가 신입사원 중에서 '데려가고 싶은 사람'을 지명한다. 그리고 진검승부인 '가위바위보'로 결정한다.

각 사업부의 간부는 사전에 신입사원의 성격 및 행동 특성을 알 수 있는 이머제네틱스(EG, emergenetics)의 분석 결과 및 입사 내정 시의 활동 등을 고려해서 지명할 사람을 선택한다.

그리고 '드래프트회의'에서 모든 직원들 앞에서 데려가고 싶은 사람의 이름을 종이에 써서 화이트보드에 붙인다. (신입사원 쪽에서는 보이지 않는다.) 데려가고 싶은 사람이 겹칠 때는 간부끼리 '가위바위보'로 결정한다.

드래프트회의에서는 신입사원의 희망과 관계없이 소속 부서가 결정되는데, 그 이유는 본인에게 적합한 업무와 하고 싶은 업무가 반드시 일치한다고 볼 수 없기 때문이다. (소속 부서를 결정하는 방법은 사전에 입사 내정자와 합의한다.)

◦ 창업자에 대한 감사의 날(2월)

2월 24일은 무사시노의 창업자인 후지모토 도라오(藤本寅雄) 사장의 기일이다. (창업 당시의 회사명은 일본 서비스 머천다이저) 기일에는 직원(과장 이상) 모두가 성묘를 갔는데, 작년부터 자율 참여로 변경했다.

무사시노의 성장과 발전은 후지모토 도라오 사장의 노력이 있었기에 가능했다. 직원과 그 가족이 행복하게 지낼 수 있는 것은 후지모토 도라오 사장의 창업 당시에 겪었던 고난과 역경 덕분이다.

나는 신입사원(졸업예정자 사원)에게도 '부모님에 대한 감사의 마음을 결코 잊어서는 안 된다'고 말한다. 그리고 '첫 월급을 타면 적은 액수라도 좋으니 부모님께 용돈을 드리라'고 지도한다.

부모의 은혜에 '키워주셔서 감사합니다', '대학까지 보내주셔서 감사합니다'라며 말로만 표현할 것이 아니라 '눈에 보이는 형태'로 전달하는 것도 중요하다.

◦ 경영계획서 작성 어세스먼트(3월)

연 1회, '경영계획서'를 간부(부장 이상)가 재검토하고 다음 연도의 방침을 작성한다.

○ 입사식(4월)

무사시노의 입사식은 경영 서포트 파트너 회원 기업의 신입 사원과 합동으로 진행한다.

○ 경영계획발표회(5월)

연 1회, 분기 초에 내빈을 모시고 해당 분기의 경영 방침에 대해서 발표하고 설명하는 시간을 갖는다.

○ 버스워칭(5월~7월)

버스워칭은 매년 5월~7월 사이에 14번 실시한다. 무사시노의 직원(아르바이트, 파트 타이머 포함)이라면 반드시 한 번은 참가해야 한다. 한 팀에 40명 정도의 그룹이 지하철, 관광버스 등을 이용해서 전체 지점을 돌면서 견학한다.

○ 급여 체계 스터디(5월/9월/1월)

직원에게 가장 중요한 관심사는 '월급'이다. 그런데 '어떻게 하면 월급을 더 많이 받을 수 있을지'에 대해서 숙지하고 있는 직원은 단 한 명도 없다.

그래서 무사시노는 강제적으로 급여 체계를 공부하는 급여 체계 스터디(5월/9월/1월)를 마련하고 출석을 의무화하고 있다.

○ 히가시고가네이시 미나미구치(東小金井市南口) 상점회가 주최하는 여름 축제(8월)

무사시노는 '히가시고가네이시 미나미구치 상점회가 주최하는 여름 축제(8월, 히가코 서머 페스티벌)에 적극적으로 참여하는 것'이 회사 방침이다.

2006년부터는 운영의 중심축이 되어 축제 준비를 돕고 있다. 축제 현장의 설비 설치 및 운영, 간이 상점의 운영 및 현장 순찰, 축제를 마친 이튿날의 철거 작업을 직원들이 교대로 맡아서 처리한다.

전국적으로 지역 축제가 쇠퇴하고 있는 가운데 '히가코 서머 페스티벌'은 매년 2만 명 이상의 고객들로 북적인다.

나는 '축제도 경영도 똑같다'는 생각에 기업가의 관점에서 사람들을 고객으로 바라보고 그들의 입장에 서서 개선에 힘쓰고 있다. 그래서 고객의 수가 점점 늘고 있다.

축제 운영은 지역 봉사(자원 봉사)의 일환인데, 간접적으로 고객 확보로 이어지고 있다. 왜냐하면 상점회 사람들이 더스킨을 이용해 주고 있기 때문이다.

축제 운영을 돕기 이전에 히가시고가네이(미나미구치)의 무사시노(더스킨) 점유율은 불과 7%에 지나지 않았는데, 지금은 95%를 차지하고 있다.

○ 자녀 회사 견학(8월)

여름방학에 자녀에게 추억을 만들어 주고 직원에 대한 가족 서비스의 개념으로 개최하는 행사(3회)다. 실제로 부모가 일하는 현장을 견학하고 체험해 보면 (경영 이념을 창화하고 환경 정비와 걸레 교환 등을 체험) 부모의 직업을 이해하고 감사하는 마음을 기를 수 있다. (직업 체험을 한 자녀에게는 용돈을 주고 스스로 번 돈으로 물건을 사는 기쁨을 일깨워 준다.)

직원 참가자에게는 회사에서 '참가비'로 10만 원을 지급한다. 견학이 끝난 후에는 업무로 복귀하지 않고 그대로 퇴근해서 지

급을 받은 참가비로 식사를 하거나 가족들과 함께 시간을 보내
도록 한다.

○ **직원 여행(6월)**

무사시노의 직원 여행은 기본적으로 전원 참가다.

2018년 직원 여행의 목적지는 니이가타현 사도의 츠키오카
온천이었다. 아무리 늦어도 아침 7시 48분에 출발하는데, 차량
안의 분위기는 10분 만에 한창 무르익는다. 니이가타항구에 도
착해서는 전세한 배로 갈아탄다. 3시간 체류, 한 곳만 방문하는
것이 규칙이다. 버스 안에서는 가라오케대회도 연다.

츠키오카온천 카오에서 묵었는데, 몇 년 전에 방문하고 두 번
째로 방문한 곳은 여기가 처음이다. 다른 해에는 '호텔 고코노
에'(시즈오카현), '미나카미온천 마쓰노이'(군마현), '유모토 후
지야호텔'(가나가와현), '가가야'(이시카와현) 등 고급 일본식
여관이나 호텔에 투숙했다. '일류는 뭐가 다른지'를 체험하고
이를 업무에 활용했으면 하는 바람에서다.

최근에 '직원 여행이 제일 힘들다'고 토로하는 사람들이 늘고
있는데, 무사시노의 직원은 하나같이 '너무 좋다'고 말한다. 왜
냐하면 '현금 획득의 가위바위보대회'를 비롯해 시시껄렁하면

서도 재미있는 이벤트가 많고, (웃음) 술을 얼마든지 마실 수 있기 때문이다. 애초에 무사시노는 직원 여행을 싫어하는 사람은 채용하지 않는다.

저녁 연회는 참가자 전원이 유카타(浴衣, 일본의 전통 의상으로 기모노의 일종이다. 주로 평상복으로 사용하는 간편한 옷으로 목욕 후나 여름에 입는다-역주) 차림을 한다. (유카타 안에 티셔츠를 입는 남자 직원은 없다.) 그래서 직원 모두가 일체감을 느낄 수 있다. 다들 유카타 차림을 하고 있는데, 혼자만 다른 옷을 입고 있다면 '온천에서 풍류를 즐기는 가치관'을 공유하지 못하는 꼴이 되지 않겠는가?

○ 직원 설문 조사(9월)

1999년부터 매년 직원 설문 조사를 실시한다. 현장의 목소리를 재빨리 파악해서 개선에 반영하기 위해서다.

'무사시노를 좋은 회사'라고 생각하는 직원이 95%나 되지만 특별 코멘트를 보면 가슴이 미여질 정도로 신랄한 비판도 있다.

○ 입사 내정자의 세일즈 연수(10월)

입사 내정자에게 '더스킨 상품의 돌발 방문 판매'를 경험하도록 하는 연수 활동이다. '한 건, 한 건의 고객이 얼마나 소중한지를 체험한다', '시장에는 고객과 경쟁사밖에 없다는 것을 명심한다'가 연수의 목적이다.

○ 입사 내정식(10월)

신입사원으로서 갖춰야 할 비즈니스 매너를 재교육하고 사회인으로서의 의식을 높이는 것이 목적이다.

입사 내정식은 공동 개최로 경영 서포트 파트너 회원의 내정자도 함께 참가한다. 입사 내정자가 연수 시기부터 다른 업종과 교류함으로써 다양한 입장에서 업무를 바라보는 관점을 기를 수 있다.

장기 휴가 제도는 인재를 키우는 시스템

무사시노에는 '장기 휴가 제도'가 있다. 과장급 이상은 의무적으로 '연속 9일간 유급 휴가'를 써야 한다. 그것도 월말~월초로 가장 바쁠 때다. 일반 직원에게도 3~5일간의 휴가가 있다.

본인의 개인 사정에 따라 장기 휴가 일정을 변경할 수는 없다. 장기 휴가 중에 회사에 나와서 근무하면 '시말서'(시말서 2장, 상여금 1/2 반납)를 제출해야 한다.

무사시노가 직원에게 의무적인 장기 휴가를 주는 이유는 직원과 회사 모두에게 이득이기 때문이다.

【장기 휴가의 장점】

- 워크 홀릭을 만들지 않는다.
- 더블 캐스팅이 가능하다.
- 상사가 부하 직원을 교육할 수 있다.
- 부하 직원에게 자각심이 생긴다.
- 괴물 사원이 사라진다.

● 블랙박스화를 막을 수 있다.

● 직원이 '표면상' 사이가 좋아진다.

○ 워크 홀릭을 만들지 않는다

대개 회사원은 직책이 높아질수록 가정에 소홀해지고 업무에
빠져든다. 열심히 일하는 것도 좋지만 가정을 돌보지 않고 희
생시켜서는 결코 훌륭한 일을 해낼 수 없다. 본인의 사생활을
잘 관리하고 업무에 충실할 수 있는 가정환경을 만들기 위해서
라도 장기 휴가는 반드시 필요하다.

○ 더블 캐스팅이 가능하다

어느 회사든 월말, 월초는 매우 바쁜 시기라서 휴가로 빈자리
가 생기면 누군가 그 자리를 메워야 한다. 즉 부장이 쉬면 과장
이 대신해서 일을 하고 과장이 쉬면 일반사원이 대신해서 업무
를 처리해야 한다. 이를 통해서 직원의 층이 두터워지고 더블
캐스팅을 실현할 수 있다.

또한 일의 표준화 및 매뉴얼화가 가능해서 '다른 사람과 업무
를 교대할 수 있는 시스템'을 구축할 수 있다.

상사가 부하 직원을 교육할 수 있다

과장, 부장이 휴가 중일 때에 부서 실적이 떨어지면 안 되므로 상사가 자리를 비워도 업무에 차질이 생기지 않도록 부하 직원에게 필요한 최소한의 교육을 하게 된다.

부하 직원에게 자각심이 생긴다

상사가 없는 동안에 부하 직원은 상사의 업무와 자신의 일을 동시에 처리해야 하므로 그 시간 동안 눈에 띄게 성장한다.

괴물 사원이 사라진다

장기 휴가를 강제적으로 보내면 '그 직원이 없어도 회사와 부서는 잘 돌아간다'라는 사실이 명백해진다. '본인이 없어도 회사는 망하지 않는다'는 점을 깨달으면 괴물 사원으로 변질될 우려를 막을 수 있다.

○ 블랙박스화를 막을 수 있다

장기 휴가의 타이밍에 업무속인화(業務屬人化, 어느 특정한 직원이 아니면 그 업무를 수행할 수 없는 상태를 말한다-역주)를 해소할 수 있다. '직원에게 업무를 배당'하면 블랙박스화로 인해서 무슨 일을 하고 있는지 도통 알 수 없다. 하지만 '다른 사람이 업무를 대신할 수 있는 시스템'을 구축하면 '업무에 직원을 배당'할 수 있다.

○ 직원이 '표면상' 사이가 좋아진다

장기 휴가 일정은 직원이 직접 정하는 것이 아니라 회사(총무 담당자)가 적절하게 잡는다.

직원은 해당 분기의 일정이 배포될 때 '본인이 언제 휴가를 가는지'를 알 수 있다.

회사가 정한 일정(경영계획서에 명기된 일정)이라 간혹 본인의 사정상 맞출 수 없을 때는 다른 직원과 일정을 조율할 수 있다. 하지만 그러려면 평소에 '다른 직원과 표면적으로라도 사이 좋게 지내야 가능'하다. 사이가 나쁜데 누가 일정을 바꿔주겠는가? 그래서 무사시노는 직원끼리 서로 싸우는 일이 없다.

직원끼리 사이가 나쁜 것은 사장의 '방침'이다. '직원끼리는 사이가 나빠도 상관없다'고 결정했기 때문이다. '표면상으로 사이가 좋은 회사'와 '표면상으로도 사이가 나쁜 회사'는 천지차이다.

은행 방문 일정을 '1년 후'까지 정해둔다

대부분의 사장들이 은행에서 대출을 받고난 후에는 아무런 행동도 취하지 않는다. 대출받은 돈을 '언제, 어디에, 얼마나 사용했는지'를 보고하지 않는다. 보고를 하지 않으니 은행은 안심할 수 없고 안심할 수 없으니 담보와 보증을 요구하는 것이다.

돈을 빌린 사람(경영자)이 돈을 빌려준 사람(은행)의 신용을 얻으려면 돈의 사용처를 보고하는 것이 최선의 방법이다.

그래서 나는 정기적으로, 의무적으로 은행을 방문해서 무사시노의 현재 상황과 매출, 경비, 이익, 향후 사업 전개 등에 대해서 보고한다.

20여 년 전까지는 매달 은행을 방문했다. 현재는 거래 은행의 수가 많아져서 '3개월에 한 번씩 정기 방문'을 한다. (하루에 3~4개 은행을 방문)

경영계획서의 사업연도계획에 은행 방문 일정을 1년 후까지 미리 정해두고 은행에 방문 날짜와 시간을 사전에 알린다. (은행에도 경영계획서를 보낸다.)

은행 방문일에 지점장이 없어도 개의치 않는다. 정기 보고가 목적이지 지점장을 만나지 못한다고 해서 방문 일정을 취소하거나 다른 날로 옮기지 않는다.

은행 방문 날짜를 처음으로 경영계획서에 기재하기 시작했을 때 F은행 지점장에게 이런 말을 들었다.

"고야마 사장님, 이 어음을 결제하려면 꽤 힘에 부치실 텐데요."

지점장이 '어음'이라고 표현한 이유는 '매달 정해진 날짜에 은행을 방문해서 자사의 현재 상태를 보고하는 일은 약속 어음을 끊는 것과 마찬가지로 힘든 일이다. 만일 약속을 어기면 은행의 신용을 단숨에 잃게 될 것'이라는 의미에서였다.

나는 지점장에게 이렇게 답했다.

"어음을 결재할 수 없을 때는 앞으로 점프하겠습니다."

'어음 점프'란 약속 어음의 지급일에 결제가 곤란할 경우 어음 지급처에 지급일을 연장 받는 것을 말한다.

그런데 나는 뒤로 연장하는 것이 아니라 '앞으로 점프한다'고 답한 것이다. 즉 일정을 어쩔 수 없이 변경해야 할 때는 뒤로 미루는 것이 아니라 '앞으로 당기겠다'는 뜻이다. 이렇게 하면 반드시 어음을 결제(약속 날짜에 은행을 방문)할 수 있기 때문이다. 지금까지 나는 단 한 번도 지급일(방문 날짜)을 어긴 적이 없다.

[은행 방문 규칙]

■ **방문일** – 일반적으로 은행은 '월초, 월말, 5와 10이 들어가는 날'이 바쁘므로 이 날짜는 피한다.

■ **방문 시간대** – 방문은 오전 중이 바람직하다. 폐점 직전(오후 3시 30분)에는 은행 업무가 바빠지므로 피한다.

■ **머무르는 시간** – 은행 한 곳에서 '20분 이내'로 보고를 마친

다. 바쁜 지점장도 '20분 이내에 끝난다는 것'을 알면 '만날 기분'이 생기기 때문이다.

'20분 이내'의 전달 사항은 주로 다음의 두 가지다.

○ 회사 숫자

은행을 방문하면 제일 먼저 '숫자(數字)'를 보고한다.

동행한 무사시노 직원이 실적(손익계획의 당월, 누계, 매출 연계, 지급 이자 연계)을 구두로 설명한다. 은행 담당자는 미리 건네받은 경영계획서의 공란에 숫자를 기입한다.

○ 회사의 현재 상황과 향후 전망

숫자에 대한 보고가 끝나면 이번에는 내가 회사의 현재 상황과 향후 사업 계획, 도쿄 주가 지수(TOPIX), 다른 은행에서 받은 융자 상황 등을 보고한다.

회의 일정도 연간 스케줄에 포함시킨다

　무사시노는 정기적으로 '지점 리뷰', '점장회의', '진척회의', '부서장회의', '리더회의' 등 여러 회의를 갖는다. ('부서장회의', '리더회의'는 경영계획서의 사업 연도 계획에 명기한다). 그리고 이를 서포트 회원에게 공개한다.

■ 지점 리뷰(참가자: 점장/일반 사원/아르바이트, 파트 타이머)

　실행 계획의 진척 상황을 매달 '지점 단위'로 확인한다. 또한 각자가 '1개월 동안의 일일보고 내용'을 시트 한 장에 정리해서 다른 참가자에게 나눠준다. 긴급한 일이나 공유해야 할 항목에 대해서 보고한다.

■ 점장회의(참가자: 점장/경영 간부)

　매달 한 번, 더스킨 사업부 점장(과장과 동급)이 모여서 각 지점의 상황을 보고한다. 보고 내용은 '①숫자, ②고객의 의견, ③경쟁사에 대한 정보, ④본부 및 비즈니스 파트너 정보, ⑤본인 및 스텝의 의견', 이렇게 다섯 가지다.

■ **진척회의(참가자: 사장/임원/경영 간부)**

매달 한 번, 더스킨 사업부와 경영 서포트 사업부, 라이프 케어 사업부 이렇게 세 개의 사업부가 진척회의를 실시한다. 점장회의에서 보고된 정보 중에서 특히 중요한 사항을 사장에게 보고하고 본인의 의견을 발표한다.

■ **리더회의(참가자: 사장/임원/경영 간부)**

크로스펑셔널팀의 실행 계획이 얼마나 진척되었는지에 대한 발표나 부장급 이상이 소집된다.

■ **부서장회의(사장/임원/경영 간부/점장)**

각 부서의 월차 실적 숫자를 '경영 계획 자료'(각 부서의 12개월분 숫자를 명시한 자료)에 과장급 이상이 수기로 기입하는 회의다. 경리 부서에서 회사 전체의 숫자를 보고하고 그 이후에 각 부서와 팀 책임자가 숫자 보고를 한다.

예전에 무사시노는 '오전 10시'부터 회의를 했다.

업무가 시작되는 아침 9시에 아침 인사를 끝내고 곧바로 회의에 들어갔다. 그런데 이 시간대는 오전이라 고객의 전화가 빗발치곤 했다. '회의 중이라 전화를 받을 수 없다'거나 '전화를 받으려면 회의실에서 나가야 하는 경우'(회의를 일단 중단한다)가 빈번히 일어났다.

이래서는 회의에 집중할 수 없고 고객에게도 실례가 되는 일이라고 생각했다.

그래서 고객이 전화를 걸지 않는 '이른 아침'에 회의를 시작하기로 결정했다. 회의 시간도 길어야 2시간으로 업무 시작 전에는 무슨 일이 있어도 끝내기로 했다.

현재 무사시노의 주요 회의(사장이 동석하는 회의)는 원칙적으로 이른 아침에 한다. (사장이 동석하지 않는 점장회의 등의 일부는 저녁 시간대에 하기도 한다.)

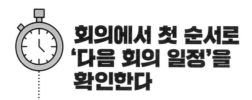

회의에서 첫 순서로 '다음 회의 일정'을 확인한다

　무사시노의 정례회의는 첫 순서로 '다음 회의 일정'을 확인하는 작업부터 시작한다. (회의 일정은 경영계획서에 기재되어 있지만 일정과 장소 변경이 발생할 수 있으므로 스케줄 확인을 반드시 해야 한다.)

　대부분의 회사는 '회의를 마치기 직전'에 다음 회의 일정을 정한다. 그런데 참여 인원이 많으면 일정을 잡기가 매우 까다롭다.

　지금으로부터 10년도 더 된 일이다. 더스킨의(도쿄에서의 판매 실적이) 1등, 2등, 3등, 4등인 사장들과 정보를 교환하는 회의를 했는데, 당시는 '회의를 끝마치기 직전'에 다음 회의 일정을 정하곤 했다. 그래서 '다음 일정은 다시 연락을 해서 정하기'로 합의하고 헤어졌는데 참가자 전원의 스케줄을 조정하는 데만 무려 2주가 걸렸다.

　이런 일을 겪고 나서 나는 회의나 미팅의 첫 번째 순서로 '다음 일정'을 정하기로 했다. 그런데 문제는 서로 스케줄을 양보

하지 못하는 경우가 발생하기도 했다는 것이다. 양보할 수 없을 때의 해결책은 두 가지밖에 없다.

하나는 '가위바위보'로 정하는 것이다.

이렇게 했는데도 일정을 정하지 못할 때는 '오늘 식사비를 내는 사람에게 스케줄을 정할 권한을 주자'고 말하면 순식간에 해결된다. 식사비를 내고 싶은 사람은 아무도 없으니까. (웃음)

회의는 보고 내용 순서와 소요 시간을 정해둔다

무사시노는 회의에서 다음의 순서에 따라서 직책이 낮은 사람부터 보고하는 것이 규칙이다. 마켓에는 '고객과 경쟁사밖에 없으므로' 자신의 의견은 맨 마지막이다.

1 숫자에 대한 보고(실적 보고)

2 고객의 의견

3 경쟁사 정보

4 본부 정보

5 자신의 의견과 스텝의 의견

보고하는 직원은 '소요 시간'이 정해져 있어서 주어진 시간 내에 '①~⑤'까지의 보고를 끝내야 한다. 만일 타이머가 울리면 보고가 다 끝나지 않았어도 도중에 마친다.

【 보고 시간 】

- 지점리뷰 – ○분

- 점장회의 – 1인당 5분

- 진척회의 – 더스킨(1인당 10분)

- 리더회의 – 실행계획서 발표 시간(사업부 5분, 팀 4분),
  데이터 네이처 발표 10분, 팀 및 책임자 발표 1분 30초

- 부서장회의 – 실행계획서 발표 시간(사업부 5분)

【 보고 시간을 정했을 때의 장점 】

■ 발언 시간을 짧게 할 수 있다

대부분의 직원들은 '본인과 관계없는 보고'에는 흥미가 없다. 그래서 다른 부서의 보고는 '빨리 끝났으면 좋겠다', '주저리주

저리 듣고 싶지 않다'고 생각한다. 보고를 빨리 끝내게 하려면 제한 시간을 두는 것이 제일 효과적이다.

▪ 발언의 우선순위를 정하게 된다

사람들 앞에서 말하는 것이 익숙하지 않은 직원은 대개 제한 시간 내에 끝내지 못한다. 보고를 마무리하지 못한 직원은 '실패'를 통해서 뭔가를 배우고 다음부터는 '우선순위'를 정하게 된다.

회의에 참여하기 전에 열심히 준비하고 보고 내용의 중요도에 따라서 순번을 매기는 등 조리 있게 말하는 습관을 기를 수 있다.

계획적, 지속적으로 졸업예정자 사원을 채용한다

나는 '회사를 성장시키는 원천은 졸업예정자 사원을 채

용하는 것이다', '졸업예정자 사원은 조직의 신진 대사를 촉진시킨다'라고 생각한다. 그래서 매년 졸업예정자 사원을 채용한다.

졸업예정자 사원을 채용하면 다음과 같은 장점이 있다.

【 졸업예정자 사원 채용의 다섯 가지 장점 】

● 경력직 채용보다 사장의 방침을 즉석에서 이해하고 실행할 수 있다.

● 조직에 변화를 줄 수 있다.

● 졸업예정자 사원이 입사하면 선배 직원이 성장한다.

● 2년차 직원, 3년차 직원의 이직률을 낮출 수 있다.

● 졸업예정자 사원의 재직률이 높으면 실적도 높아진다.

○ 경력직 채용보다 사장의 방침을 즉석에서 이해하고 실행할 수 있다

경력직 직원은 바로 실전에 투입할 수 있는 반면에 '회사 문화에 적응시키고 가치관을 공유'하는 데 시간이 걸린다. 왜냐하면 이전 직장의 방식에 익숙해서 새로운 바람(무사시노의 가치관)을 받아들이는 데 소극적이기 때문이다.

한편 졸업예정자 사원은 '떼 묻지 않은 백지'와도 같다. 무사시노의 문화, 가치관, 일 처리 방식을 빠르게 흡수할 수 있다.

○ 조직에 변화를 줄 수 있다

시장이나 사회의 변화에 맞춰서 회사도 변화해야만 살아남을
수 있다.

조직에 변화를 주는 가장 효과적인 방법이 '새로운 인재(졸업
예정자 사원)'를 등용하는 것이다. 졸업예정자 사원이 늘어나
면 사장의 방침이 보다 빠르게 실행에 옮겨져서 회사가 변화할
수 있다.

○ 졸업예정자 사원이 입사하면 선배 직원이 성장한다

졸업예정자 사원이 입사하면 2년차 직원은 '더 이상 신입사
원이 아니다', '후배를 지도해야 한다', '신입사원에게 밀린다면
회사에서 설 곳이 없다', '유능한 선배이고 싶다'라는 생각에 '신
입의 기분'을 떨쳐버리고 일에 전념할 수 있다.

또한 매년 졸업예정자 사원을 채용하는 이유는 '2년차, 3년차
직원에게 '누군가를 가르치는 기회'를 주고 성장해 나가도록'
이끌기 위해서다.

무사시노는 2년차 직원이 신입사원의 '돌봄이'로서 지도한다.

■ 신입사원 돌봄이

신입사원 한 명당 선배 직원이 한 명씩(돌봄이) 배정된다. 졸업예정자 사원에게 돌봄이는 업무적인 고민이나 불안을 해소해 주는 '자신만을 위한 보호자', '자신만을 위한 형, 누나'와 같은 존재가 된다.

○ 2년차 직원, 3년차 직원의 이직률을 낮출 수 있다

졸업예정자 사원이 들어오면 2년차, 3년차 직원은 '선배'가 되지만 졸업예정자 사원이 들어오지 않으면 2년차, 3년차 직원은 언제까지나 '말단 사원'으로 의욕을 잃고 이직할 가능성이 높아진다.

또한 지속적으로 졸업예정자 사원을 뽑았던 회사가 졸업예정자 사원의 채용을 멈추면 직원들 사이에서 '회사가 신입을 채용을 하지 않는데, 경영이 어려워서 그런가?' 하는 의심을 키우는 등 직원의 만족도 저하는 물론, 이직을 유발하는 계기가 될 수도 있다.

○ 졸업예정자 사원의 재직률이 높으면 실적도 높아진다

졸업예정자 사원의 재직률과 실적에는 상관관계가 있다.

사실 과거에 무사시노는 졸업예정자 사원의 재직률이 매우 낮았다. 정기 채용을 1993년부터 시작했는데, 2002년까지 졸업예정자 사원의 재직률은 참담했다.

특히 1993년, 1995년, 1999년에 채용했던 졸업예정자 사원은 단 한 명도 남아 있지 않다.

재직률이 상승 곡선을 타기 시작한 것은 2003년부터다. 채용에 유능한 유이 히데아키 통괄본부장(당시에는 부장)을 투입했다. 그 해에 14명이 입사했는데, 현재 고미네 준 본부장, 마쓰부치 시로 부장, 이시바시 신스케 부장, 다마이 사토시 부장 이렇게 네 명이 남아서 활약하고 있다. 이로부터 몇 년 후에 매출 및 경상 이익이 상승하기 시작해 최근 3년 동안에 재직률 95%, 매출 760억 원, 경상 이익은 과거 최고치를 갱신하며 상승 곡선을 그리고 있다.

졸업예정자 사원의 채용 비율이 50%를 넘어선 것은 2010년이다. 2010년 이후부터 매년 두 자리 성장을 보이고 있다.

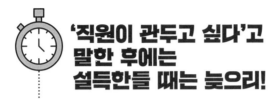

'직원이 관두고 싶다'고
말한 후에는
설득한들 때는 늦으리!

지금까지는 '영업 전략'이나 '판매 전략'에 뛰어난 회사가 실적을 키우는 시대였다. 하지만 지금은 '인재 전략'이 뛰어나지 않으면 살아남을 수 없다.

그런데 주변을 둘러보면 수많은 사장들이 '졸업예정자 사원 채용'이나 '직원 교육'에 시간을 투자하지 않는다. 직원이 '관두고 싶다'고 말한 후에는 설득해봤자, 아니 시간을 투자해봤자 이미 때는 늦으리다.

무사시노는 직원이 '관두고 싶다'고 말한 '후'가 아니라 꺼내기 '전'에 시간을 투자한다.

어디에 시간을 투자하는가 하면 다음의 세 가지다.

- '졸업예정자 사원 채용'에 시간을 투자해서 '관두지 않는 직원'을 선정한다.
- '가치관 교육'에 시간을 투자해서 사장의 생각을 침투시킨다.
- '회식', '친목회' 자리를 자주 마련해서 커뮤니케이션을 꾀한다.

◦ '졸업예정자 사원 채용'에 시간을 투자해서 '관두지 않는 직원'을 선정한다

경영계획서에 '채용에 관한 방침'이 기재되어 있다.

[채용에 관한 방침]

1 가치관을 공유할 수 있는 사람을 우선적으로 채용한다.

2 현실, 현장, 현물을 많이 경험시키고 장, 단점을 모두 보여준다.

일반적으로 어떤 회사든 '우수한 인재'를 선호한다. 그러나 나는 우수한 사람보다 '가치관이 맞는 사람'을 최우선으로 채용한다. 능력이나 자질은 그 다음이다.

무사시노의 문화에 적응할 수 없는 사람이 입사하면 본인은 물론 회사도 불행해진다. 아무리 머리가 좋고 능력이 뛰어나도 회사의 사고방식과 가치관 등을 따를 수 없는 사람은 결과적으로 회사에 도움이 되지 않는다. 가치관의 통일이 어려우면 조직은 하나로 뭉칠 수 없다. 뿔뿔이 흩어질 수밖에 없다.

반면에 가치관이 통일되면 동일한 우선순위로 행동할 수 있고 설령 능력이 떨어지더라도 조직력으로 승부할 수 있다.

능력이 같다면 '건강하고 밝고 솔직한 사람', '직장 동료와 사이좋게 지낼 수 있는 사람'을 채용한다.

또한 커뮤니케이션 능력과 협력심도 중요하다. 무사시노에는 레크리에이션 행사가 많다. '자기 업무와 상관없으니 참석하지 않겠다'라고 말하는 직원이 있다면 분위기가 깨지고 만다. (무사시노가 '가치관이 맞는 사람'을 어떻게 선별하는지, 그의 구체적인 방법을 알고 싶다면 졸작이지만 《졸업예정자 사원 채용이 회사의 미래를 결정하는 힘이다!》를 참고하길 바란다.)

○ '가치관 교육'에 시간을 투자해서 사장의 생각을 침투시킨다

내가 직원에게 '오른쪽을 보라'고 말하면 모든 직원이 곧바로 오른쪽을 본다.

내가 다시 '오른쪽이 아니라 왼쪽을 보라'고 정정하면 곧바로 왼쪽을 본다.

직원이 사장의 지시대로 움직이는 것은 사장과 직원의 '가치관이 일치하기 때문'이다. 컵을 엎어 놓은 상태에서 물을 따르면 채워지지 않는다. 컵에 물을 채우려면 똑바로 놓아야 한다.

'모든 직원의 컵을 똑바로 놓는다'='가치관을 통일한다'가 직원 교육이다. 무사시노는 모든 직원의 컵이 똑바로 놓여 있다. 그래서 물을 채울 수 있는 것이다.

무사시노의 '환경 정비', '아침 스터디', '버스워칭'과 같은 활

동도 사장과 직원, 상사와 부하 직원의 가치관을 통일하기 위
한 교육이다.

○ '회식', '친목회' 자리를 자주 마련해서 커뮤니케이션을 꾀한다

무사시노에서 친목회는 '공식 행사'다. '공식'이란 미리 모든
직원에게 일정을 공개하는 것이다. '언제, 누구와 누가 마시는
지'를 연간 계획으로 정해 놓는다.

술을 마시면 고정관념이 무너져 사람과 사람 사이의 장벽이
낮아진다. 그래서 직원의 속내를 허심탄회하게 들을 수 있다.

또한 친목회에서 부하 직원의 이야기를 들으면 '자신과 코드
가 맞는 부분'(동일한 가치관을 가진 부분)이 반드시 나온다.
거기서부터 이야기를 이어나가면 서로 공감대를 형성할 수 있
다. 가치관의 공유는 이러한 아날로그적인 과정 없이는 이룰
수 없다.

무사시노는 친목회 비용으로 연간 2억 8000만 원을 소비한
다. 경리부에서는 복지비로 처리하는데 나는 교육연수비라고
생각한다.

중소기업에서 친목회는 결속력과 단결력을 강화하는 매우 중
요한 커뮤니케이션 도구다.

3장

돈 잘 버는
사장의
'24시간'
사용법

시간을 잘게 나눠서 업무 내용과 장소를 바꾼다

며칠 전에 출판사 편집자에게 이런 질문을 받았다.

"고야마 사장님은 늘 바쁘게 일하시는데, 아무것도 안하고 멍하니 있는 시간은 없으십니까?"

나는 곧바로 이렇게 대답했다.

"없습니다!"

'바빠서 멍하니 있을 시간이 없다'가 아니라 애초에 '멍하니 있고 싶다'는 생각 자체를 하지 않기 때문이다. 나는 일할 때보다 '멍하니 있을 때'가 더 피곤하다. (웃음)

물론 나에게도 기분전환은 필요하다. 그렇다면 어떻게 기분전환을 할까?

'스케줄을 잘게 잘라서 업무 내용과 장소를 의도적으로 바꿈'으로써 기분전환을 한다.

많은 사장들이 기분전환을 위해서 일할 때와 쉴 때를 나누는

데, 나는 업무 내용을 나눈다.

나를 보고 대부분의 사장들이 '지속력이 좋다'고 말하는데, 사실 그 반대다. 지속력이 없다는 것이 나의 최대 단점이다.

동일한 작업을 오랫동안 하지 못한다. 이런 단점을 너무나도 잘 알기에 '1시간~1시간 30분'이 지나면 '다른 일'을 하는 것이다.

학교 시간표와 마찬가지로 '몇 시부터 몇 시까지는 이 일을 한다'라는 식으로 시간을 잘게 분할해서 사용함으로써 집중력을 유지하는 것이다.

예전에 3시간 가까이 동일한 작업을 한 적이 있다. 이때 '시간을 정하고 일하지 않으면 몸에 무리가 발생할 수 있다'라는 사실을 뼈저리게 느꼈다.

실천 경영 학원(경영자를 대상으로 개최하는 회원제 세미나)에는 경영 서포트 파트너 회원 사장이 나와 면담하는 시간이 있다.

원래는 오후 3시 30분이면 확인 면담이 끝나야 하는데, 참가자로부터 '조금 더 체크해줬으면 좋겠다'는 요청이 많아서 정해진 시간이 지났는데도 계속 면담을 이어갔다. 그랬더니 무슨 일이 벌어졌는지 아는가? 정말 오랜만에 코피가 났다. (웃음)

'정해진 시간까지만 한다(1시간~1시간 30분이 지나면 다른 일을 한다)'가 집중력과 건강을 지키는 비결이다.

'이동 시간'은 방해 없이 일에 집중할 수 있는 시간

대부분의 사장들에게 '이동 시간'은 그야말로 목적지까지 이동하는 시간이다. 하지만 나에게 이동 시간은 방해를 받지 않고 일에 집중할 수 있는 시간이다.

사실 일은 이동 중의 '틈새 시간을 어떻게 활용하느냐'에 따라서 승부가 갈린다. 이동 중의 지하철 안도 나에게는 일하는 장소다.

이동 시간이 5분이라도 나는 그 시간에 보이스 메일을 듣거나 아이패드로 품의서를 결재하거나 원고를 수정하거나 스케줄을 재조정하거나 감사 카드(직원에게 고마움을 표하는 카드)를 쓰기도 한다.

보이스 메일은 비동시(非同時)로 리얼타임이 아닌 타임래그(time lag)를 이용할 수 있어서 자투리나 틈새 시간에 일을 처리할 수 있다. (나는 걸으면서 내용을 확인하고 답변을 보낼 수도 있다.)

한번은 급한 취재가 결정이 나서 도쿄역에서 나가노역으로 향하는 '신칸센 안'에서 인터뷰를 진행한 적도 있다. (작가에게 '내 좌석 옆자리'를 지정석으로 구입하도록 요청했다.)

【지하철로 이동하는 시간을 낭비하지 않는 요령】

■ '환승 안내 어플리케이션'을 자주 확인한다

나는 걸음이 빨라서 어플리케이션이 알려주는 지하철보다 더 빠른 지하철을 탈 수 있다. 그래서 환승역에 도착하기 전에 '한 번 더 검색'한다.

■ 지하철에서 재빨리 내린다

나는 '지하철에서 내린 후에 몇 분이나 더 단축할 수 있을까?'를 생각한다.

지하철에서 빨리 내리면 그만큼 더 빨리 에스컬레이터를 탈 수 있다. 그런데 만일 지하철에서 늦게 내리면 그 사이에 에스컬레이터 주변은 사람들로 붐비기 시작한다. 붐비는 사람들 속에서 머뭇거리다가 원래 탔어야 했던 지하철을 놓친다면 승강장에서 아까운 시간을 낭비할 수밖에 없다.

▪ 승강장 위치를 인식한다

빨리 에스컬레이터에 타려면(빨리 계단을 올라가거나 내려가려면) '몇 번째 칸의 어느 문으로 타면 ○○역에 도착했을 때 에스컬레이터(혹은 계단)에 가장 가까운지'를 말이다. 즉 최소 환승 위치를 머릿속에 입력해 두어야 한다.

▪ 비행기에 탈 때는 '1시간 전'에 공항에 도착한다

비행기를 타고 멀리 출장을 나갈 때는 '1시간 전'에 공항에 도착한다.

'출발 시간보다 조금 전에 도착하면 된다'라고 생각하면 길이 꽉 막힐 때에 대처할 수 없다.

공항에 일찍 도착해도 IT도구를 이용해서 얼마든지 일을 할 수 있어서 시간을 낭비하지 않는다. 하네다 공항에 갈 때는 급행이 아니라 하마마츠초역에서 '도쿄 모노레일'을 이용한다. 하마마츠초역은 시발역으로 좌석에 앉아서 갈 수 있는 확률(앉아서 일할 수 있음)이 높기 때문이다.

■ 앉지 못했을 때는 '구석'으로 이동한다

지하철에서 좌석에 앉지 못했을 때는 출입문 옆쪽의 구석에 선다. 기대어 설 수 있어서 몸이 흔들리지 않고 선 채로 일을 할 수 있기 때문이다. (물론 다른 승객에게 피해를 주지 않으려고 주의한다.)

■ 지하철 맨 앞 칸에 타서 영업 활동의 힌트를 얻는다

나는 지하철을 탈 때에 '빨리 내릴 것'을 고려해서 '몇 번째 칸의 어느 문으로 탈 것인지'를 생각하는데, 예외적으로 일부러 '맨 앞 칸 또는 맨 뒤 칸'에 타는 경우가 있다. 이유는 '바깥 풍경을 관찰하기 위해서'다.

맨 앞 칸이나 맨 뒤 칸에 타면 '차창 밖의 풍경을 멀리'까지 볼 수 있어서 '저기에 저 건물이 세워졌군', '어랏, 여기가 주택가로 변했네' 등 거리의 변화를 한눈에 볼 수 있기 때문이다.

변화를 보다 빠르게 파악하면 '새롭게 생긴 저 건물에 영업을 나가면 어떨까?' 등 영업 활동의 힌트를 얻을 수 있다.

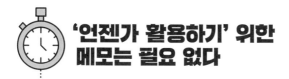

'언젠가 활용하기' 위한 메모는 필요 없다

　　나는 '갑자기 번뜩인 아이디어나 생각, 관찰한 것'을 항상 어딘가에 메모를 하는데, '도움이 안 되는 것'은 절대로 메모하지 않는다.

　　그렇다면 '도움이 되는 것'은 어떤 정보인가?

● '5년 후에도 도움이 될 정보'
● '행동으로 옮길 수 있는 정보'

○ '5년 후에도 도움이 될 정보'

　　대부분의 사장들이 '돈을 버는 일'을 우선해서 판단하는데, 나는 '돈을 버는 일' 이상으로 '회사가 망하지 않는 일(도산하지 않는 일)'을 목표로 삼는다. 그래서 '5년 후의 회사 경영에 도움이 되는 것'은 메모로 남겨둔다.

　　하지만 '매일의 뉴스'는 메모하지 않는다. 뉴스는 매일 바뀌는 '예외 사항'이므로 잊어도 별 지장이 없다. 아무리 유행해도 5년 후에 도움이 되지 않는 정보(몰라도 경영에 지장을 초래하지 않는 정보)는 무시한다.

여담인데 주시회사 칸쓰의 다츠시로 히사히로 사장에게 급한 상담이 들어온 적이 있다. 그는 현금 180억 원이 있으니 180억 원의 물건을 사고 싶다고 했다. 하지만 나는 안 된다며 빌리라고 조언했다. 바지 같은 하찮은 것도 빌리는 것이 맞다. 상담 종료 후 다츠시로 히사히로 사장에게 '와인 2병'이라는 메모가 적힌 명함을 받았다. 며칠 전, 나는 라스베이거스 5성급 레스토랑에서 그의 명함과 와인을 맞교환했다. 정말로 맛있었다.

○ '행동으로 옮길 수 있는 정보'

메모를 해도 그 내용을 실행, 실천하지 않으면 회사를 바꿀 수 없다. 메모를 하는 이유는 '확실하게 실행하기 위해서'다.

경영 서포트 사업부의 다마이 사토시 부장은 전형적인 '메모왕'이다. 보고 들은 것은 하나도 빠짐없이 메모한다.

그런데 그는 메모를 적는 것 자체가 목적이 되어서 '실행'에 옮기지 않는다. 메모한 수많은 정보를 두 번 다시 들여다보지 않고 잊어버린다. 그가 메모를 하는 이유는 '정보가 필요'해서가 아니라 '안심하기 위해서'다.

나는 직접 손으로 적는 메모장 대신에 '캡티오(Captio)'라는 어플리케이션을 사용한다. 이 어플리케이션을 사용하면 쉽게 '나에게 메일 보내기가 가능'하고 '나에게 재빨리 메모를 송신'할 수 있다. (입력은 음성 입력과 병용하고 있다.) 보통은 '메모 내용을 잊어버리지 않으려고' 이런 어플리케이션을 사용하지만 나는 '잊어버리기 위해서' 사용한다.

사실 나는 기억력이 나빠서 잊어버리기 전에 외우지 못한다. 그래서 '도움이 된다'고 생각한 정보를 메모로 남기고 '나에게 메일 보내기'를 해둔다. '나에게 메일 보내기'를 했다는 것을 잊어버려도 별 문제없다. (나중에 '나에게 메일 보내기'를 해둔 메일을 읽어보면 그 내용을 기억할 수 있다.)

스마트폰으로 메일을 수신하면 '메모 메일'이 도착한다. 한 달이 지나도 열어보지 않는 메모는 무조건 지운다. 실행하지 않는 정보는 '삭제하는 것이 맞다'고 생각한다.

'언젠가 이 정보가 필요하지 않을까?' 하는 생각에 오랫동안 메모를 남겨두는 사장도 많은데 1주일이 지나도 실행에 옮기지 않은 일(하지 못한 일)은 나중에도 하지 않는다. '언젠가 활용'하기 위해서 메모를 하는 것도 여러 번 다시 읽는 것도 시간 낭비일 뿐이다.

주식회사 칸쓰의 다츠시로 히사히로 사장 명함과 와인을 교환했을 때의 사진

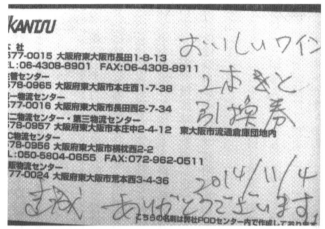

맛있는 와인 2병 교환권, 2014/11/4, 다츠시로 히사히로 사장님, 감사합니다!

신문, 잡지, TV에
시간을 쓰지 않는다

나는 신문, 잡지, TV(뉴스)를 통해서 얻은 정보를 그리 중요하게 생각하지 않는다. 신문, 잡지, TV로부터 얻은 정보는 '요즘 주변에 어떤 일이 일어나고 있는지'를 확인하는 데 도움이 될 뿐, '시대를 읽기 위한 정보'로는 도움이 되지 않는다. 왜냐하면 정보를 다루는 대중매체의 속도가 '느리기 때문'이다.

신문과 잡지의 경우 '표제어를 대강 훑는 정도'로만 읽고 TV는 눈으로 영상과 텔롭만 본다. 신문을 읽을 때도 TV를 볼 때도 귀로는 보이스 메일을 듣는다.

그렇다면 무엇을 통해서(어디에서) '시대를 읽기 위한 정보'를 얻을까?

바로 무사시노가 경영 지원하고 있는 '경영 서포트 파트너 회원'을 통해서다. 경영 서포트 파트너 회원 중에는 '업계 일류', '지역 일류', '기업 일류'들이 많다. 이들이 느끼는 시대의 변화는 '사회의 변화' 그 자체이자, 이들이 안고 있는 과제는 '사회의 과제'다.

나는 이들의 이야기를 통해서 대중매체보다 한 발 앞서서 비즈니스 현장에서 일어나는 변화를 파악할 수 있다. (이런 정보를 신문, 잡지, TV가 늦게 보도한다.)

은행이 발표하는 '거시 지표(macro)'나 '주가 지수' 등 공식 발표 지표도 거의 참고하지 않는다.

통계 지표는 뒤늦게 발표되어서 '실체 경제의 숫자'를 반영하지 못하기 때문이다. 나는 정부와 은행이 발표하는 경기 예측을 기다렸다가 행동하면 이미 늦는다고 생각한다. '비즈니스 현장'을 능가하는 정보원은 없다.

책은 읽은 페이지부터 버린다

책을 읽을 때에 사람들은 대개 첫 페이지부터 한 장씩

열심히 읽는다.

하지만 나는 제일 먼저 '에필로그(마치며)'를 읽고 그 다음으로 '프롤로그(들어가며)'를 읽는다.

'에필로그'와 '프롤로그'에는 책의 핵심이 집약되어 있다. '책을 읽고 얻을 수 있는 장점', '책 내용의 요약', '저자의 생각', '저자의 프로필' 등이 담겨 있어서 제일 먼저 읽으면 책의 개요를 쉽게 파악할 수 있다. '책의 개요'를 파악한 후에 본문을 읽기 시작하면 책 내용이 머릿속에 쉽게 들어온다.

또한 사람들은 다 읽은 책을 책장에 꽂아 두는데, 나는 그렇지 않다. 왜냐하면 '다 읽고 나면 책이 사라지기 때문'이다.

중요한 페이지(5년 후, 10년 후에 도움이 될 정보가 기재된 페이지)만을 찢어서 보관하고 나머지는 쓰레기통에 버린다.

이렇게 하면 '자신에게 중요한 페이지', '회사를 망하지 않게 하는 데에 필요한 페이지'만 남는다.

책 전체를 다시 읽고 싶으면 다시 산다. 새로운 마음으로 책을 읽으면 이전에 읽었을 때와 또 다른 새로운 깨달음을 얻을 수 있기 때문이다.

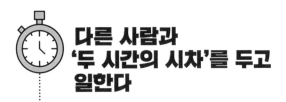

다른 사람과 '두 시간의 시차'를 두고 일한다

젊었을 때에 나는 늦게 일어나서 아침도 거른 채 출근하기 바빴다. 출근해서는 일을 가급적 빨리 마치고 가부키초로 놀러갔는데, 술집 몇 군데를 돌면서 놀고 마시다가 막차를 타고 집에 들어가기 일쑤였다. 집에 도착하면 그대로 뻗어서 자는, 그런 생활의 연속이었다.

자신을 자제할 줄도 모르고 정해진 일만 하다 보니 어느 샌가 '생각할 줄 모르는 사람'으로 변해 있었다. 스스로 생각하는 프로세스가 망가진 것이다.

'이런 식으로 살다 보면 절대로 성장할 수 없다'고 깨달은 나는 그때부터 '다른 사람과 동일한 시간대'로 생활하는 것을 멈추고 '두 시간의 시차'를 두고 생활하기로 결심했다.

나는 남들보다 일찍 새벽 4시 30분에 일어난다. 일어나서 바로 욕조에 몸을 담근다. '잠을 깨는 것'이 목적이라 오래 있지는 않는다. 길어봤자 3분 정도다.

3분 동안 그날의 스케줄을 머릿속에 입력한다.

이를테면 '오기쿠보에서 신주쿠로 가는 마루노우치센의 지하철 안에서 품의서를 결제한다', '오기쿠보역에서 세미나 장소까지 이동하는 동안 보이스 메일을 듣는다', '새로운 책의 첨삭은 화장실 안에서 해야 마감일을 맞출 수 있겠다' 등 '언제 무슨 일을 할 것인지', '틈새 시간과 이동 시간을 어떻게 쓸 것인지' 등 일의 순서를 정하는 것이다.

입욕 후에는 업무 보고를 확인하고 수정한다.

현재 무사시노의 업무 보고는 디지털화(클라우드화)되어 있다. 모든 직원이 '아이패드'를 사용해서 현장에서 보고할 수 있는 시스템을 갖추고 있다. 매일 300~400(회사 전체)개의 업무 보고가 올라온다.

나는 '부장급 이상과 출장 중인 과장이 올린 업무 보고'를 확인한다. (매일 50장 정도) 전부 팩스로 전송한다. (아이패드에서 손쉽게 팩스를 송신할 수 있는 시스템을 도입했다.)

업무 보고는 '디지털'이지만 피드백은 '아날로그'(수기/직접 건넴)다.

긴급 결재가 필요한 안건은 메일로 답신을 보내지만 기본적으로 보고서에 내가 직접 코멘트를 달아서 건넨다. 일부러 '아날로그'식의 수기를 고집하는 이유는 '사장이 매일 열심히 읽고 있다'는 것을 직원에게 알리기 위해서다.

참고로 메일 답신을 할 때에 자동 완성 기능을 자주 사용하면 동일한 문장이 되기 쉽다.

업무 보고에 대한 피드백이 끝나면 아침 식사를 한다. 신문은 아내가 읽고 중요한 사항은 식사하면서 듣는다. TV를 볼 때는 눈으로는 화면을 보지만 귀로는 보이스 메일로 직원과 경영 서포트 파트너 회원의 보고를 듣는다.

새벽 6시 20분이 되면 무사시노의 간부가 집으로 아침 마중을 온다.

간부는 6시를 조금 넘긴 시간에 지하철역에서 택시를 타고 나를 데리러 온다. (교대제) 집에서 회사까지는 30~40분 정도 걸린다. 이동 시간 동안 간부에게 보고를 듣는다. 이 시간은 나에게 무엇과도 바꿀 수 없는 매우 소중한 정보 수집의 시간이다. 주로 숫자화할 수 없는 정성정보(定性情報)를 수집한다.

간부는 회사에 도착할 때까지 '부하 직원에 대한 정보', '고객에 대한 정보', '경쟁사에 대한 정보' 이렇게 세 가지를 중심으로 보고하도록 정해져 있다. 나는 중간에 절대로 끼어들지 않는다. 가만히 듣기만 한다.

택시 안에서 간부 직원에게 보고를 받는 이유는 카바레와 같은 이치다. 카바레에서 여종업원이 고객 옆에 앉는 이유는 '서로 얼굴을 마주보지 않는 편이 이야기하기 수월하기 때문'이다. 사장 면담도 책상에 서로 마주보고 앉으면 직원이 긴장한 나머지 제대로 말을 할 수 없다. 하지만 택시 안에서는 서로 앞을 보고 앉게 되므로 자연스럽게 말할 수 있다.

점심 식사는 업무 중간에 대충 때운다.

나는 '점심 휴식 시간'이 필요 없다. 여유롭게 점심을 먹을 생각도 하지 않는다.

'뭐가 먹고 싶은지'가 아니라 '하루 스케줄 중에서 점심 식사를 할 시간이 얼마나 있는지'를 따져보고 음식점(메뉴)을 정한다.

다른 사장들은 '고야마 사장은 점심부터 우아하게 식사를 할 것이다'라고 생각하는 모양인데, 전혀 그렇지 않다. 택시 안에서 편의점 삼각 김밥을 먹기도 하고 특급 열차나 신칸센 안에서 도시락을 먹기도 한다.

나는 한 달에 4~5개 회사, 즉 '고객 방문'(경영 서포트 파트너 회원의 회사 방문)을 한다.

방문할 때마다 나는 고객의 '현장'을 구석구석 살피고 '이 회사는 어떻게 하면 실적이 오를까?', '이 회사는 어떻게(어떤 점이) 실적을 올리고 있는 것이지?' 등에 대한 답을 찾으려고 노력한다.

방문한 회사에 '차나 커피 대접은 괜찮다'고 일러둔다. 응접실에 앉아서 차를 마시는 시간이 아깝기 때문이다. 응접실에서 차를 마신들 '어떻게 하면 실적이 오를까?'에 대한 답은 찾을 수 없다. 회사를 성장시키기 위한 정보는 현장에서만 얻을 수 있다.

나는 빠른 날은 저녁 6시 정도면 모든 업무가 끝난다.

일을 마치면 곧바로 술을 마시러 가는데, 예전처럼 코가 삐뚤어지게 마시지는 않는다. 늦어도 저녁 8시 30분에는 집에 들어가서 일찍 자려고 노력한다.

'아침 시간' 활용법을 바꾸는 것만으로도 실적이 오른다

나는 '아침 시간에 일하는 습관을 들이는 것만으로도 대부분의 회사가 실적을 올릴 수 있다'라고 생각한다. 그 이유는 다음과 같다.

[아침 시간을 활용하는 장점]

○ 주변에 사람이 없어서 집중할 수 있다

아침 시간, 즉 업무를 시작하기 전에는 전화도 내방객도 없고 상사, 동료, 부하 직원이 말을 걸 일도 없어서 집중해서 일할 수 있다.

○ 체력 소모가 없다

러시아워를 피해서 출근하므로 불필요한 체력 소모가 없다.

◦ 술을 마시러 놀러갈 시간이 빨라진다

일을 빨리 시작하면 그만큼 일이 빨리 끝나고 그만큼 술을 마시러 일찍 갈 수 있다. 또한 이른 저녁 시간대에는 어느 술집에 가든 자리가 비어있고 좋은 좌석에서 여유로운 기분으로 술을 즐길 수 있다.

단 아침부터 힘차게 일을 시작하려면 '숙면을 취하는 것'이 중요하다.

나는 싱글이었을 때에 '가부키초 밤의 제왕'이라는 별명이 있을 정도로 카바레나 고급 클럽에 자주 다녔다. 1년에 몇 번은 과음을 해서 이튿날 숙취로 죽을 고생을 하면서 '술이 없는 나라에 가고 싶다'라고 생각한 적도 있다. (웃음)

그때는 잽싸게 가서 잽싸게 마시고(먹고) 잽싸게 귀가하는 것이 기본이었다. 술집 한 군데에서 1시간 30분 정도만 있다가 다른 술집으로 자리를 옮기는 징검다리 스타일이었다.

수신 메일은 '즉시 삭제'가 기본이다

나는 메일을 철저하게 정리한다.

■ 수신 메일

읅으면 '즉시 삭제'가 기본이다.

'어쩌면 다시 읽을 필요가 있을지도 모르는 메일'만 보관하니까 수신 폴더에 겨우 '50통 정도'만 남아있다. (하지만 거의 다시 읽는 일이 없어서 정기적으로 삭제한다.)

수신인이 나를 제외하고 여러 명일 경우(복수일 경우)는 누군가 메일을 보존할 테니 삭제해도 문제가 생기지 않는다.

■ 송신 메일

많은 사람들이 '송신 메일보다 수신 메일의 보관 건수가 많다'라고 생각한다. 그런데 나는 반대다. 송신 메일이 더 많다.

수신 메일은 '50통 정도'지만 송신 메일은 '300통 정도' 보관한다. (사실 이것도 다른 사람들에 비하면 압도적으로 적은 편이다.)

송신 메일을 지우지 않는 이유는 두 가지다. 하나는 내가 지시한 사항을 잘 잊어버리기 때문에 (웃음) 비망록의 기능으로 남겨 두는 것이다.

다른 하나는 지시한 일이 끝나지 않았을 때에 '재송신'을 하기 위해서다. 부하 직원에게 '일이 제대로 되고 있는지'를 확인하는 기능으로 송신 메일을 활용하는 것이다.

단 재송신의 경우는 '제목'을 바꾼다. 그래야 이전에 보냈던 메일과 헷갈리지 않고 상대방이 '이전에 봤던 메일과 똑같다'고 착각해서 읽지 않는 불상사를 미연에 방지할 수 있기 때문이다.

예를 들어 처음 보낸 메일의 제목이
'신규 프로젝트 스케줄의 건'이라면
재송신하는 메일의 제목은
'신규 프로젝트 스케줄의 건②'로 번호를 붙인다.

가정을 희생하면서까지 일하지 않는다

나는 자타가 공인하는 일벌레지만 결혼하고 나서는 '일요일은 가족 서비스의 날'로 가족과 함께 시간을 보낸다.

직원의 결혼식 등 경조사에는 출석하지만 그 외의 행사에는 일절 참석하지 않는다. 가화만사성이라고 나는 가정이 편안해야 일에 전념할 수 있다고 생각한다. 회사가 아무리 실적을 올리고 돈을 잘 벌어도 직원(사장)의 가정이 행복하지 않다면 아무 의미가 없다.

무사시노의 무라오카 구니오 과장(경영 서포트 사업부)은 입사 전에 파친코로 먹고 살았던 사람이다. 그야말로 파친코의 달인이었다.

그는 '새로운 지점이 생긴다'는 정보를 입수하면 도쿄는 물론 가나가와, 치바, 사이타마, 도치기, 시즈오카까지 원정을 가서 파친코를 했다. 6년 정도 전국 각지를 돌아다니면서 연평균 4,000~5,000만 원 정도를 벌었다고 한다.

그는 무사시노에 입사한 후에 파친코에 가는 횟수가 줄었다. 그렇다고 파친코에서 아예 손을 뗀 것은 아니었다.

그는 '더스킨 가정용 부서' 소속이었는데, 업무 특성상 '토, 일요일에는 출근(배달), 평일에 휴무인 교대제'여서 '7이 들어가는 날'만 골라서 쉬었다.

이유는 파친코가 '7이 들어가는 날'에 이벤트를 하는 경우가 많아서 매달 7일, 17일, 27일만 골라서 쉰 것이다.

이 사실을 알고 나는 무라오카 구니오를 다른 부서로 이동시켰다. '7이 들어가는 날'에 쉬지 못하도록 하기 위해서였다. 그는 당시를 회상하며 이렇게 말했다. (무사시노의 홈페이지에 소개된 내용을 일부 발췌해서 소개한다.)

"저는 회사 사람들은 아무도 모를 거라고 생각했습니다. 그런데 사이키 오사무 (현재 본부장) 상사가 예리한 관찰력으로 알아차렸고 사장님께 보고를 한 것이죠. 사장님은 '평일에 쉬게 하는 것은 좋지 않다'고 판단하셨는지 저를 다른 부서(평일에 쉬지 못하는 부서)로 이동시키셨어요. 원래 사장님도 파친코를 좋아하셔서 전면적으로 금지시킬 의도는 없었던 것 같습니다. 인사이동이 결정 났을 때에 사장님께서 이런 말씀을 하셨거든요. '휴일에는 파친코에 갈 게 아니라 집에서 육아를 도우면서 아내에게 쉴 시간을 좀 주는 게 어떤가?'라고요.

그러니까 인사이동은 저에게 가족과 함께 시간을 보내도록 배려한 조치였던 것이죠. 덕분에 가정생활은 원만해졌는데, 한 가지 곤란한 문제가 생겼어요. 더는 제 용돈을 불리지 못하게 되었죠. 파친코로 용돈을 불릴 수 없게 된 지금은 열심히 일해서 돈을 벌 수밖에 없어요. 어쩌면 사장님은 그런 부분까지 꿰뚫어 보고 저를 다른 부서로 이동시킨 건 아닐까요? 사장님을 뵐 기회가 생긴다면 꼭 여쭤보고 싶습니다." (무라오카 구니오)

아침에 부부싸움을 하고 출근하면 그날은 일에 전념하지 못한다. 오롯이 일에 전념하고 싶다면 가정을 소홀히 하거나 희생해서는 안 된다. 그래서 가족과 함께 시간을 보내며 대화를 나누는 것은 매우 중요한 일이다.

특히 기혼자는 제일 먼저 '가족을 생각'해야 한다.

개인 사생활에 충실해야 일에도 충실할 수 있다. 건전한 가족 간의 유대를 유지할 수 없다면 일의 능률은 떨어지기 마련이다. 1주일에 한 번이라도 좋으니 가족을 위한 시간을 비워두도록 한다.

가족의 뒷바라지가 있기에 충실하게 일에 전념할 수 있는 것이다.

고야마 노보루의 '휴일'을 보내는 방법

나는 매주 일요일에 쉬는데, 일요일이라고 해서 '아무것도 안하고 멍하니 있지 않는다.'

[고야마 노보루의 일요일을 보내는 방법]

■ **새벽 6시 30분 기상**

평일(업무가 있는 날)에는 새벽 4시 30분에 일어나지만 일요일에는 '두 시간' 정도 더 잔다. 체력을 유지하기 위해서다.

■ **입욕**

욕조에 몸을 담그고 근육을 풀면서 잠을 깬다. 입욕 후에는 우유 한 잔(저온 살균)을 마신다. (음료용 식초는 기미세쇼유의 '고코쿠마로야카스'를 마신다.)

▪ 업무 보고 첨삭

1시간~1시간 30분 정도 토요일까지 올라온 업무 보고를 살펴본다.

▪ 아침 식사

아침, 점심, 저녁 식사 중에서 내가 가장 '많이' 먹는 때가 바로 아침이다. 채소(끈적이는 식재료)를 중심으로 먹는다.

▪ 엽서 쓰기

식후에 직원과 서포트 회원 사장에게 보내는 '엽서'를 쓴다.

나는 직원에게 질타와 격려를 할 때나 직원의 생일, 장기 휴가 중일 때에 직접 쓴 엽서를 전달한다.

직원이 기혼자일 경우는 배우자(아내)의 생일과 결혼기념일에도 엽서를 보낸다. 무사시노 직원에게는 총 네 번의 엽서가 전달된다.

연간 약 3,600통의 엽서를 쓸 수 있는 이유는 '이름', '주소', '생일', '결혼기념일'만 먼저 적어 놓기 때문이다. 한 장씩 쓰다 보면 귀찮아서 포기하게 된다. 하지만 먼저 이름과 주소를 적어 두면 '귀찮으니까 관두자'라는 생각이 들지 않는다.

▪ 보이스 메일의 답신

엽서에 이름과 주소를 다 적고 나면 대개 10시 정도가 된다. 침대에 누워서 입사 내정자에게 온 보이스 메일을 듣고 모든 메일에 답신한다.

▪ 경마 예상

보이스 메일의 답신이 끝나면 잡무를 정리하고 직원을 만족시키기 위한 일환으로 '경마 예상'을 보낸다.

나는 마권을 살 때에 '마단'(1착과 2착, 말 두 마리를 착순대로 맞히는 방식)을 한다. 경영과 마찬가지로 좁고 깊게 마권을 사는 것이 기본이다.

'이 말도 잘할 것 같다', '저 말도 느낌이 오는데' 하며 눈을 이리저리 굴리면서 이 말, 저 말에 손을 대는 사람은 이길 수 없다. 연 4회 맞추면 손해를 보지 않는다.

2017년에는 오크스 경주와 더비 경주를 마단으로 맞췄고 가을 G1 경주에서는 '7전 5승'이었다.

▪ 점심 식사

■ 스케줄 조정 및 확인(월말)

월말에는 아내와 나의 '한 달간의 스케줄'을 확인한다. '4월 1일은 집에서 식사를 하고, 2일은 하지 않고, 3일부터는 ○○로 출장…' 등 일정을 조율한다. 그러면 아내는 본인의 다이어리에 일정을 적는다.

스케줄을 공유하면 내가 업무상 합숙하거나 숙박하는 장소(실천 경영 학원의 합숙 세미나)로 아내가 물건을 보내주거나 '오늘은 가토양복점의 시미즈 요시오 사장이 세미나에 참석할지 모르니 제냐 수트를 입는 것이 좋겠다' 등 지혜를 짜서 그날에 입을 옷(양복)을 코디해주기도 한다.

또한 나는 출장을 나갈 때에 아내가 티켓을 준비해준다. 일반적으로 회사 총무부나 부하 직원이 구입하지만 나는 그렇게 하지 않는다. '출장을 한 번 나가면 여러 곳을 돌아다녀서 환승이 복잡하다', '한 달 전에 티켓을 구매해야 한다', '내 것은 물론 서류 가방 동행에 참여한 사장(서류 가방을 들어주는 직원) 것까지 사야 한다' 등의 이유로 발권까지 시간이 꽤 걸리는 편이다. 티켓 구매를 직원에게 부탁하면 잘못 사거나 그 시간에 다른 일을 할 수 없다.

하지만 아내에게 부탁하면 '직원에게 불필요한 일을 강요하지 않아도 되고', '티켓 구매라는 잡무로 직원을 성가시게 하지

아내와 스케줄을 조율한 결과를 적은
다이어리

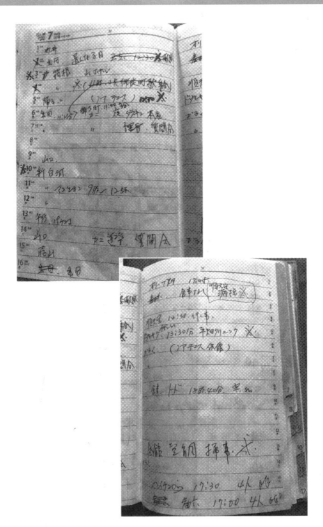

않아도 되고', '직원은 그 시간에 본인의 일에 주력'할 수 있어서 그렇게 하고 있다.

■ TV 시청

점심 식사 후에 두 시간 정도 여유가 있을 때에 녹화해 둔 프로그램을 보기도 한다.

■ 저녁 식사

파친코를 끝내면 아내와 둘이서 단골 초밥집에 들러서 식사를 한다. 카운터 석에 앉으면 둘 다 앞을 보고 앉을 수 있어서 '편하고 여유롭게 긍정적인 대화'를 나눌 수 있다.

단 오래 머물지 않는다. 제철 재료(건강에 좋은 식자재)로 만든 음식을 시키고 한 시간 정도 식사를 한 후에 집으로 돌아온다.

■ 귀가

오후 6시 즈음에 집에 돌아와서 8시에 취침한다.

나는 '7시간 수면'이 기본이다. 이튿날 아침(월요일에 해당)에는 새벽 3시 넘어서 기상한다. 기상한 후에 녹화해 둔 NHK의 대하드라마를 보기도 한다.

사장의 건강이
회사의 건강

　나는 '사장의 건강=회사의 건강'이라고 생각한다. 체력을 기르거나 젊었을 때와 같은 체력을 되찾을 수는 없지만 '유지'할 수는 있다고 믿는다.

　이 나이(만 70세)에 50m를 10초에 달릴 수 있는 체력을 갑자기 '9초'로 단축하는 일은 불가능하다는 뜻이다. 하지만 '지금의 10초를 내년에도 똑같이 유지하는 것'은 가능하다고 생각한다. 나이가 들면 체력이 떨어지는 것은 당연한 이치이므로 '가능하면 작년의 체력을 그대로 유지하려고 노력'한다.

　사장의 건강상 문제는 기업 경영에 있어서 최대 위협이다. 사장이 건강을 지키는 것은 회사의 건강을 지키는 일이며 더 나아가 직원과 그 가족을 지키는 일이다.

　내가 현재 실천하고 있는 건강 습관을 '신체 건강'과 '마음 건강'으로 나누어 소개하겠다.

　사람은 각자 자신에게 맞는 건강법이 있으니, 그 방법을 찾아서 실천해 보길 바란다. 사장의 건강이 회사의 건강이다.

○ 신체 건강 습관

■ 숙면을 취한다

건강의 기본은 '수면'이다. 내가 건강한 이유는 '충분한 수면을 취하기 때문'이다. 잠은 돈이 들지 않는다. 공짜다.

평일에는 '저녁 9시부터 새벽 4시까지, 7시간 수면'을 취하는 것이 기본이다. 1년에 다섯 번 정도(장기 휴가 중)는 '10시간'을 자기도 한다. (나는 불면증이 없는 편이라 침대에 눕자마자 곧바로 잠드는 스타일이다.)

연수 강의가 있을 때에 이용하는 호텔인 '그랜드 액시브 나스 시라카와'에는 연간 60일 정도 숙박하는데, 평소에 쓰는 베개를 가지고 다닌다. 익숙해서 잠이 솔솔 잘 온다. 또한 호텔방은 건조해서 가습기를 사용하거나 욕조에 물을 받아둔 채 잠을 자기도 한다.

무사시노의 직원 중에 '아침에 일어나기 힘들다'고 말하는 사람이 있다. 아침에 일찍 일어나지 못하는 이유는 수면 시간이 부족하기 때문이다. 그렇다면 왜 수면 시간이 부족한 것일까?

늦은 시간까지 잠을 자지 않기 때문이다. 아침에 일찍 일어나는 비법은 일찍 자는 수밖에 없다.

나는 하루의 피로를 알코올로 소독(술을 마신다)하는 것이 일과지만 너무 늦은 시간까지 마시지 않는다.

세미나 간담회나 회사 공식 행사(회식)에 참석해서도 중간에 나오거나 1차만 하고 귀가하는 등 되도록 빨리 자리를 뜨려고 노력한다. (65세까지 자정을 넘긴 시간에 집에 들어오면 아내에게 1시간당 10만 원, 딸에게도 10만 원에 대한 소비세를 주는 것이 우리 집의 규칙이다.)

▪ 식사에 신경을 쓴다

음식은 '조금 비싸도 맛있고 몸에 좋은 것'을 먹으려고 한다.

사치하고 싶어서가 아니다. 아파서 의사에게 진찰을 받는 비용보다 식비가 훨씬 싸기 때문이다.

실제로 식비를 절약해서 돈을 모았지만 결국 몸이 망가지고 병들어서 모아둔 돈을 몽땅 치료비로 쓴 사람을 알고 있다. 식비를 절약하느라 균형 잡힌 식사를 하지 못해서 건강을 해친다면 본말전도가 아니겠는가?

앞에서 언급했듯이 나는 식사할 시간이 없을 때는 패스트푸드나 편의점 도시락 등을 먹기도 한다. 하지만 시간이 있을 때는 제철 음식을 먹으려고 노력한다.

업무는 혁신적인 편이지만 식사는 보수적이다. 해외 출장을 나가서도 기본적으로 가정식을 선호한다.

'모처럼 외국에 나왔으니 현지 음식을 먹는 것도 좋지 않느냐?'라고 생각하는 사람도 있을 것이다. 그런데 나는 일상과 다른 일을 하면 체력의 균형을 망칠 수 있다고 생각한다. 현지 음식을 못 먹는 것은 아니지만 익숙하지 않은 음식을 억지로 먹지는 않는다.

- 쌀은 유기농, 고기나 어패류는 자연산. 채소는 무농약 제품을 먹는다.
- 채소를 먹을 때는 드레싱이나 마요네즈를 뿌리지 않는다.
- 염분을 적당히 취한다. (천연 소금에는 미네랄이 포함되어 있다.)
- 과일 중에 몸을 차갑게 하는 종류는 거의 먹지 않는다.
- 후추 등은 되도록 사용하지 않는다.

- 여름은 두껍게, 겨울은 얇게 입는다

여름은 두껍게, 겨울은 얇게 입는 것이 기본이다. 인간은 환경 변화에 적응하려면 시간이 걸린다. 그래서 실내와 실외의 온도 차가 생기면 체온 조절 기능이 떨어져 체력 저하를 일으키는 원인이 된다.

그래서 나는 계절에 상관없이 1년 내내 긴팔 셔츠와 양복을 입는다. 추운 날씨에 외출해서도 코트를 입지 않고 한여름에도 반팔 셔츠를 입지 않는다.

주변 사람들에게 '여름인데 덥지 않나요?', '겨울인데 춥지 않나요?'라는 질문을 받는데, 그럴 때마다 '여름은 덥죠', '겨울은 춥죠'라고 답한다. (웃음)

■ 많이 걷는다

나는 자가용도 없고 회사에 사장 전용차도 없다. '걷거나 지하철을 이용'한다. 매일 6,000~8,000보를 걷는다.

■ 정기적으로 유지 보수를 한다

나는 경영 서포트 파트너 회원인 'UDX히라하타클리닉'에 정기적으로 다니며 '수소 링겔'과 '킬레이션(chelation) 치료'를 받는다. (매달 2회)

| 수소 링겔 |

체내에 축적된 활성 탄소를 적극적으로 배출해 냄으로써 대사증후군이나 암 예방에 효과적이다.

| 킬레이션 치료 |

동맥경화의 원인 중 하나인 칼슘과 유해 금속을 제거하고 혈관 노화를 방지하며 세포를 활성화하는 효과가 있다. 동맥경화 예방과 다양한 질환의 치료 효과를 기대할 수 있다.

○ 마음 건강 습관

■ 남에게 잘 보이려고 애쓰지 않는다

직원에게 잘 보이려고 하면 사장은 제대로 일할 수 없다. 직원에게 비난을 받거나 미움을 살 만한 결정을 내리는 것이 사장의 책임이다.

사람은 누구나 자신의 실력을 능가하는 일은 할 수 없다. 그렇다면 타인의 평가에 흔들리지 않고 자신의 실력 내에서 최선을 다하면 되지 않겠는가? 남에게 잘 보이려고 애를 쓰면 그들의 입맛에 맞춰서 말도 가려서 해야 하고 눈치도 봐야 하는 등 결국은 하고 싶은 말을 할 수 없다. 그러면 자신의 겉(행동)과 속(마음)에 격차가 생기고 스트레스만 쌓일 뿐이다.

■ 타인과 자신을 비교하지 않는다

과거와 타인을 바꾸는 일은 불가능하다. 어쩔 도리가 없는 일을 계속 고민하는 것은 시간 낭비다.

인생관은 사람마다 달라서 타인의 기준으로 자신의 인생을 판단하는 것도, 자신의 기준으로 타인의 인생을 판단하는 것도 아무 의미가 없다.

■ 접대를 받지 않는다

접대를 받으면 '집에 가고 싶을 때에 갈 수 없어서' 스트레스가 쌓인다. 접대는 받는 것보다 오히려 하는 것이 더 편하다. 게다가 술은 혼자 마시거나 마음이 통하는 사람과 마시는 편이 좋다.

■ 형태가 있는 것에는 돈을 쓰지 않는다

젊었을 때는 상여금이 나오면 며칠 만에 다 써버리곤 했다. (웃음)

또한 싱글이었을 때는 저금을 해야겠다는 생각을 해본 적이 없다. 저금이 있으면 지금의 자신에게 안주할 뿐, 야심이 사라질 것이라고 믿었기 때문이다. 아내와 결혼했을 당시에 연봉이 2억 4,000만 원이었는데, 통장 잔액은 고작 '3,000원'이었다.

'돈은 돌고 돈다'라는 말처럼 적당히 쓰는 편이 심적으로도 육체적으로도 좋다. 돈을 '써주겠다'는 마음으로 쓰면 스트레스도 함께 사라진다.

대부분의 사장들이 '형태가 있는 것'을 손에 넣으려고 돈을 쓰는데 나는 '형태가 없는 것'에 돈을 쓴다. '형태가 있는 것'은 최소한만 있으면 된다. '쇼핑'에 흥미가 없어서 뭘 사든 바로 결정하는 편이다. '이걸 살까? 저걸 살까?' 고민하지 않는다.

예전에 가방을 바꿨을 때도 가게에 들어가서 가방을 고르고 계산하고 나오기까지 '5분'도 채 걸리지 않았다. (웃음)

'형태가 없는 것'에 돈을 쓴다는 말은 '경험에 투자한다'는 뜻이다.

'형태가 있는 것'은 감가상각으로 조금씩 그 가치가 떨어진다. 한편 '경험'은 시간이 지나도 그 가치가 떨어지지 않는다.

돈을 쓰려면 쓸 만큼의 돈을 벌어야 한다. 돈을 벌려면 열심히 일해야 한다. 그리고 열심히 일하려면 자신의 건강은 반드시 챙겨야 한다.

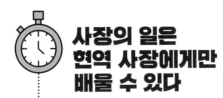

사장의 일은
현역 사장에게만
배울 수 있다

　무사시노가 제공하는 '서류가방동행'은 내가 가는 곳은 어디든 동행하면서 일하는 모습을 바로 옆에서 직접 피부로 느낌으로써 경영자로서의 마음가짐을 배우는 '3일 프로젝트'다.

　아침 일찍 아침 마중을 온 택시를 타서 직원에게 업무 보고를 받는 것을 비롯해 저녁의 알코올 소독까지 하루 종일 나와 동행하면서 '사장의 업무'를 빠짐없이 관찰하는 것이다. 다른 회사라면 공개하지 않을 '사업부 어세스먼트'나 '사장 질문회'에도 '서류가방동행' 기간과 겹치면 동석한다. 무사시노의 장, 단점을 숨김없이 모두 공개한다.

　'서류가방동행'에 드는 비용은 '1일 400만 원'으로 1년 반이나 기다려야 한다. 이 프로그램은 '3일 동안' 진행되고 내 가방을 드는 사장은 '1천200만 원(소비세 포함)'을 지불해야 한다. (예전에는 5일 동안 소비세를 포함해서 2천만 원이었다).

　결코 싸지 않은 금액이지만 '서류가방동행'을 경험한 수많은 사장들이 '비싸다고 생각하지 않는다', '그 금액 이상의 가치가 있다'라는 후기를 보내주고 있다.

'실천 경영 학원' 등의 세미나에서는 회사 경영의 기본적인 '시스템', '처리 방식'을 배울 수 있지만 사장으로서의 '바람직한 모습'이나 '사고방식'을 배우려면 '서류가방동행' 프로그램밖에 없다고 수많은 사장들이 입을 모은다.

예전에는 경영 서포트 파트너 회원인 사장만 '서류가방동행'에 참가했는데, 지금은 무사시노의 직원(또는 입사 내정자)도 동행한다.

직원(또는 입사 내정자)을 동행하는 이유는 다음의 '세 가지' 때문이다.

○ 간부 직원에 대한 지도법을 알려줄 수 있다

내가 ('서류가방동행'에 함께 하는) 무사시노의 간부에게 지도 및 지시하는 모습을 보여줌으로써 '서류가방동행'에 참가한 사장은 '자신의 지시 방법이 틀렸다'라는 것을 깨달을 수 있다. 간부와의 커뮤니케이션을 꾀하는 방법을 배우려면 실제로 사장인 내가 간부 직원에게 지시하는 모습을 여과 없이 보여주는 것이 가장 효과적이라고 생각했기 때문이다.

○ 간부 직원(입사 내정자)과의 커뮤니케이션을 꾀한다

'서류가방동행'에 참여하도록 하면 직원(입사 내정자)은 '사장의 업무'에 대한 이해와 '시간 활용법'을 배울 수 있다.

○ 입사 내정자의 트렌드를 파악할 수 있다

나는 '서류가방동행'에 참여한 입사 내정자에게 '궁금한 점'이나 '의문스러운 점'이 있으면 질문하라고 한다. 이때 입사 내정자가 던진 질문을 통해서 '해당 연도의 내정자 트렌드(경향)'를 파악할 수 있다.

3년 전에는 '동료와의 경쟁심'이 남아 있어서 '빨리 출세하고 싶다', '1등 사원이 되고 싶다'는 의욕이 있었는데, 작년부터는 그 트렌드가 바뀌기 시작했다. '다 같이 성장하고 싶다'라는 공동 의식이 강해졌다. (나 혼자만 느낀 인상이 아니라 심리 분석 도구를 활용한 적성 진단에서도 밝혀졌다.)

무사시노의 입사 내정자가 입사를 포기하는 비율이 낮은 이유는 입사 내정자의 트렌드에 맞추어 회사 시스템을 바꾸고 있기 때문이다.

'서류가방동행 인턴십'의
보고서

　'서류가방동행'을 체험한 입사 내정자는 의무적으로 '서류가방동행 인턴십 보고서'를 제출해야 한다. 보고서는 무사시노의 회사 홈페이지에 게재한다. 제출된 보고서를 읽어보면…
'고야마 노보루가 매일 어떤 일을 하고 있는지',
'고야마 노보루가 매일 어떻게 시간을 활용하고 있는지'
알 수 있을 것이다.

○ 보고서 ① 후카이 레이나 (추오대학)
　인턴십 실시일/2018년 7월 26일

19내정자(2019년 4월 입사 예정)인 후카이 레이나입니다.

2018년 7월 26일에 참여했던 '서류가방동행 인턴십'에 관한 보고입니다.

잘 부탁드립니다.

■ **인턴십의 목적**

고야마 노보루 사장의 업무 처리를 관찰한다.

사장이 어떤 일을 하는지를 알 수 있다.

시간 활용법을 배운다.

커뮤니케이션을 한다.

동행 중에 고야마 노보루 사장의 가방을 든다.

■ **7시 20분 – 기치조지역에서 우노 겐시로 과장과 만남**

우노 겐시로 과장님이 염려가 되는 부분을 몇 가지 확인했습니다.

덕분에 살짝 긴장이 풀렸습니다. 이른 아침부터 도움을 주어서 감사했습니다.

■ **8시 – 고야마 노보루 사장, 스가 기요시 사장과 합류, 아침 스터디 시작**

걷고 있는 고야마 노보루 사장님이 이름을 말씀드리고 합류했습니다.

바로 회의장에 들어가서 아침 스터디를 시작했습니다.

■ 9시 − 아침 스터디 종료

19내정자 전원과 우노 겐시로 과장님, 혼마 미도리 채용 담당 자와 헤어졌습니다. 19내정자 전원이 격려해 줘서 너무 고마웠 습니다. 덕분에 힘을 얻었습니다!

우노 겐시로 과장님도 이른 아침부터 동행해 주어서 감사했 습니다. 휴식 시간에는 주식회사 스가 코포레이션의 스가 기요 시 사장님과 명함을 교환하고 인사를 나눴습니다.

■ 9시 10분 − 실천 간부 학원 시작, 재무 관리

'매출이 좋은 회사에서 망하기 어려운 회사로 만들려면 대출 금이 있는 회사가 낫다'라는 요지의 강연이었습니다. 또한 '야 근 비용을 1년간 지불하는 것보다 아이패드 비용을 내고 직원 에게 지급하는 편이 장기적인 관점에서 보면 싸다'라는 내용도 있었습니다.

그밖에 금리와 조이익 등 어려운 단어와 어마어마한 숫자가 여기저기서 튀어나와서 머리가 터질 것 같았습니다.

■ 9시 53분 − 휴식 시작

스크린에 10분 타이머가 표시되었습니다. 누가 봐도 휴식 시간이 얼마나 남았는지를 알 수 있었습니다.

- 9시 55분 – 세미나룸 4F로 이동

- 10시 – 작가 인터뷰 시작
닛케이 비즈니스 고야마 노보루의 '풍요롭고 안전한 경영이란 무엇인가?'에 대한 취재

아침 스터디처럼 용어 해설을 하셨습니다. 인터뷰 중간중간에 직접 화제를 제공해 주는 등 저에게도 공부가 되는 내용이 많았습니다.

'내림세는 생각보다 크다'는 것을 배웠습니다.

- 10시 50분 – 인터뷰 종료

- 10시 51분 – 에너자이저 분석
18년도 입사인 졸업예정자 사원을 담당하는 이가라시 요시히사 부장님과 고바야시 데쓰야 부장님에게 졸업예정자 사원의 에너자이저 분석에 대한 이야기를 하셨습니다.

직원 한 사람, 한 사람에 대해서 해설하면서 각자에게 맞는

교육 방법이나 커뮤니케이션 방법을 강의해 주었습니다. 놀라 웠습니다.

처음에 정했던 인원수를 다 마친 후에는 고야마 노보루 사장님도 지치신 모습이었습니다. 직원 한 명의 개인 정보를 잘 아는 것은 이런 작업이 있었기에 가능하다는 것을 알았습니다.

■ 11시 40분 – '도큐 레이' 출발

고야마 노보루 사장님이 제 질문에 답해 주셨습니다.

갑작스럽게 시작된 질의응답 시간이었는데, 예상보다 빠른 속도로 답해 주어서 메모장을 꺼낼 여유조차 없었습니다.

■ 11시 45분 – '네기시' 도착

'우설 네기시'에서 우설 정식을 먹었습니다.

식당 안에서 직원들과 저, 이렇게 세 명의 질문에 순서대로 답해 주었습니다.

■ 12시 05분 – '네기시' 출발

고야마 노보루 사장님과 스가 기요시 사장님이 게임을 하였는데, 고야마 노보루 사장님이 이기셨습니다. 그래서 스가 기요시 사장님이 식사비를 내셨습니다.

스가 기요시 사장님, 맛있게 잘 먹었습니다. 감사합니다!

▪ 12시 10분 – 카페 도착

카페에 도착해서 다같이 '내기 가위바위보'를 했습니다.

가위를 냈더니 제가 제일 먼저, 그것도 혼자 이겼습니다.

'입사 내정자가 혼자서 고야마 사장님을 이긴 것은 처음'이라는 말을 들었습니다. 그리고 '내기 가위바위보'의 행운의 규칙을 배웠습니다.

무카이 나오유키 과장님이 커피 값을 내었습니다.

무카이 나오유키 과장님, 맛있게 잘 마셨습니다. 감사합니다.

저는 무엇보다 고야마 노보루 사장님을 이겼다는 사실이 매우 기뻤습니다!

▪ 12시 20분 – 오다큐 세미나룸 도착

엎지른 커피를 닦을 휴지를 가져오라는 고야마 사장님의 지시에 따라 화장실로 달려가 '휴지 한 롤'을 그대로 가져갔더니 '그렇게 많이는 필요 없지!'라는 말을 들었습니다. '그런데 그렇게 바보가 아니었으면 채용하지 않았을 걸세'라며 웃었습니다.

바보라서 다행입니다! 감사합니다!

고야마 노보루 사장님은 견학회 강의가 시작될 때까지 아이폰으로 연락을 하거나 아이패드로 서류 원고를 확인하는 등 항상 일을 하고 있습니다.

▪ 13시 – 현지 견학회 시작

통산 402회째로 매회 100명 정도의 고객이 참여해서 스가 기요시 사장님께서 '예약 잡기가 하늘에 별 따기일 정도로 힘들다'라고 말했습니다. 정말 대단하다고 느꼈습니다.

▪ 13시 05분 – 고야마 노보루 사장의 강연 시작

경영계획서에 대한 해설을 하였습니다. 들어본 적이 있는 내용이 나와서 왠지 모르게 이득을 본 것 같은 기분이 들었습니다!

▪ 13시 35분 – 강연 종료

취재가 시작될 때까지 빈 시간에 전화를 하거나 보이스 메일을 듣는 등 항상 일을 하고 있었습니다.

▪ 14시 – 잡지 '슈치(衆知)'의 취재

즐겁게 인터뷰에 답하는 모습이 역시 프로다웠습니다.

▪ 15시 30분 – 이시지마 요헤이 사장과의 면담

별실에서 '15분에 320만 원'인 특별 면담을 하였습니다. 면담 대상자는 주식회사 미스터 퓨전의 이시지마 요헤이 사장님이었습니다.

그 사이에 저는 스가 기요시 사장님과 이야기를 나눌 수 있었습니다. 또한 오늘의 게스트였던 주식회사 코프로스의 미야자키 가오루 사장님과 명함을 교환했습니다.

■ 15시 30분 – '도큐 레이' 지배인과 만남, 계절 인사

고야마 노보루 사장님의 배려로 지배인과 명함을 교환했습니다. 인사가 끝나고 강연회가 시작되기 전까지 25~30개 정도의 질문에 단숨에 답하였습니다. '바다와 산 중에 어느 쪽을 좋아하십니까?'라는 질문은 쓸데없는 질문이라고 핀잔을 들었습니다. 개수를 채우려는 질문은 의미가 없어서 좋지 않다는 것을 몸소 실감했습니다.

질의응답을 통해서 가장 큰 불효는 부모보다 먼저 죽는 것이라는 점을 깨달았고, 또한 '아버지가 자식에게 받았을 때에 가장 기쁜 것이 무엇입니까?'라는 질문에 '물건을 받고 싶다기보다 술을 따라줬으면 한다'라고 말했습니다. 아버지, 어머니보다 오래 살아서 맛있는 것을 많이 사드려야겠다고 생각했습니다.

이날 현지 견학회에 참석했던 모든 고객에게 아사히신문출판의 신간본 타이틀에 대한 설문 조사를 했습니다. 결과는 '돈을 벌고 싶다면 우선 여기부터 고쳐라!'로 결정됐습니다. '사장님은 정말로 시간을 낭비하지 않는구나!' 하며 감격할 수밖에 없었습니다.

■ 16시 50분 – 미야자키 가오루 사장의 강연

'경영은 도박과 같다'라는 고야마 노보루 사장님의 말에 대해서 실제 경험을 바탕으로 강연을 하였습니다.

고객이 무사시노에 관해서 여러 사람들 앞에서 이야기하는 것을 처음 들었는데, 새삼 '무사시노라는 회사가 얼마나 대단한지'를 깨달았습니다.

■ 17시 15분 – 고야마 노보루 사장의 총평

■ 17시 25분 – 현지 견학회 종료

현지 견학회가 끝나자마자 곧바로 버스를 탔습니다. 버스 안에서 아이패드와 아이폰으로 일을 했습니다.

■ 17시 45분 – 친목회 장소로 이동

기치조지역의 선술집 '에비스'에서 고객과 함께 술을 마셨습니다.

평소에 술을 따를 기회가 없어서 익숙하지 않은 저를 고객께서 친절하게 대해 주었습니다. 무척 죄송한 마음이 들었습니다. 하루라도 빨리 윗사람에게 정중하게 술을 따르는 예절을 배워야겠다고 다짐했습니다.

▪ 18시 30분 – 기치조지에서 신주쿠로 이동

예정보다 친목회 자리에 오래 있었던 모양인지 갑자기 자리를 일어났습니다. 순식간에 일어난 일이라 깜짝 놀랐습니다. 다시 한 번 고야마 노보루 사장님의 빠른 결단력에 감동하지 않을 수 없었습니다.

지하철 안에서 마지막 질의응답 시간을 가졌습니다. 마지막 질문으로 '저에 대한 오늘의 평가'를 물었더니 '노력하고 있으니 그걸로 충분하다'라고 말해 주었습니다.

'일단 빨리 졸업논문을 내라'라는 의미로 하루라도 빨리 논문을 제출하고 무사시노에 전념하도록 하겠습니다.

준비했던 '55개의 질문'에 대한 답을 모두 들었습니다.

▪ 18시 50분 – 신주쿠역 도착

여기에서 스가 기요시 사장님께 고야마 노보루 사장님의 서류가방을 건네고 '서류가방동행' 프로그램 체험을 끝마쳤습니다.

스가 기요시 사장님은 긴장한 탓에 민첩하게 행동하지 못하는 저에게 어떻게 움직이면 좋은지를 친절하게 일러주고 이런저런 말을 해주었습니다. 진심으로 감사했습니다.

다음에 만나 뵙게 된다면 좀 더 성숙하고 성장한 모습을 보여드릴 수 있도록 열심히 일하겠습니다. 오늘 하루, 대단히 감사했습니다.

[감상]

오늘 고야마 노보루 사장님의 '서류가방동행'이라는 프로그램을 체험했는데, 너무나도 뜻깊은 시간이었습니다.

'서류가방동행' 프로그램은 하루에 400만 원으로 다른 고객은 비용을 지불해야 하지만 입사 내정자는 무료로 체험할 수 있는 소중한 기회였습니다.

고야마 노보루 사장님과 동행하면서 나눴던 질의응답 중에 '돈을 쓰는 방법'이 가장 인상적이었습니다. '형태로 남는 것이 아니라 형태가 없는 것에 돈을 쓰라'라는 이야기였는데, '경험을 많이 쌓는 것이 자신을 성장시킨다', '경험과 추억은 부피가 커지지 않아서 얼마든지 들고 다닐 수 있다'라는 점을 깨닫고 깊은 감명을 받았습니다.

또한 오늘 하루를 통해서 이제껏 저의 사고와 행동이 얼마나 저차원이었는지 새삼 반성하는 시간을 가질 수 있었습니다. 고야마 노보루 사장님은 사고와 행동이 고차원적이었고 이는 사장님의 경험이 저와 비교도 안 될 만큼 훨씬 많기 때문이라는 사실도 알 수 있었습니다. 실패 경험도 많고 이런저런 모방도 해보고 이런저런 고민도 해봤기에 좋은 결과물을 많이 내놓을 수 있었던 것입니다.

한편 '내기 가위바위보에서 이긴 데에 자신감을 갖고 여기저기 자랑해도 좋다'라고 말씀해주어서 자신감이 생기기도 했습니다.

오늘의 경험을 잊지 않고 다음에 스가 기요시 사장님과 만날 기회가 생긴다면 지금보다 몇 단계 더 성장한 모습을 보여드릴 수 있도록 열심히 노력해 나갈 것입니다.

오늘은 제 인생에서 가장 값지고 감사한 날이었습니다.

◇ 보고서② — 야스하라 도모키 (세와대학)

인턴십 실시일/2018년 7월 17일

19내정자(2019년 4월 입사 예정)인 야스하라 도모키입니다. 2018년 7월 17일에 참여했던 '서류가방동행 인턴십'에 관한 보고입니다. 잘 부탁드립니다.

▪ 인턴십 목적

고야마 노보루 사장의 업무 처리를 관찰한다.

사장이 어떤 일을 하는지를 알 수 있다.

시간 활용법을 배운다.

커뮤니케이션을 한다.

동행 중에 고야마 노보루 사장의 가방을 든다.

▪ 5시 55분 – 오기쿠보역의 동쪽 입구에서 혼마 미도리 채용 담당자와 합류

이른 시간임에도 불구하고 질의응답에 응해 주고 다양한 이야기를 해주어서 긴장이 풀렸습니다. 감사했습니다.

▪ 6시 10분 – 히야마 나오키 본부장, 야마구치 히로시 사장과 합류

히야마 나오키 본부장님과 야마히로주식회사의 야마구치 히로시 사장님과 합류했습니다. 혼마 미도리 채용 담당자가 앞장서서 명함을 교환해서 저도 뒤따라 야마구치 히로시 사장님과 명함을 교환했습니다.

▪ 6시 13분 – 택시 승차

여기서 혼마 미도리 채용 담당자와 헤어졌습니다. 6시 20분까지 고야마 노보루 사장님을 모시러 가기 위해서 대기했습니다. 시간 엄수가 철저했습니다.

■ 6시 17분 – 보이스 메일 송신

히야마 나오키 본부장님이 고야마 노보루 사장님께 '지금부터 아침 마중을 가겠다'라는 내용의 보이스 메일을 송신했습니다. 이후 오기쿠보역으로 출발했습니다.

■ 6시 20분 – 고야마 노보루 사장 댁에 도착

고야마 노보루 사장님이 승차한 후에 곧바로 히야마 나오키 본부장님이 업무 보고를 시작했습니다. 마켓 세일즈에 관한 보고를 비롯해 학원 입학 심사회의 일정을 확인하는 등 업무에 관한 이야기부터 하셨습니다. 업무 이외에 다른 이야기도 나누셔서 '무사시노의 분위기는 대가족과 같다'라고 느꼈습니다.

■ 6시 51분 – 히가시고가네이 세미나룸에 도착

■ 6시 55분 – 오추겐 선물 경매

고야마 노보루 사장님이 오추겐 선물 경매를 시작하였습니다. 선물 내용물은 다양했는데, 한 상자에 10,000원이라는 파격적인 가격이라서 모두 활기가 넘쳤습니다. 아사히 맥주 박스를 보고 저는 '저게 제일 대박이겠구나!' 하는 생각이 들었습니다.

회의 시작 전에 친절하게도 고누키 에쓰코 과장님과 야지마 시게토 전무님이 저에게 말을 걸어주셨습니다. 예사롭지 않은 분위기라 살짝 긴장했는데, 큰 도움이 되었습니다. 감사했습니다.

▪ 7시 - 부서장회의 시작

첫 보고는 사고(事故)에 관해서였습니다. 사고를 일으킨 직원과 상사가 자리에서 일어나 사죄를 했습니다. 사토 요시아키 임원이 부하 직원인 우에노 도모유키 본부장과 사죄를 하려고 자리에서 일어나는 순간을 고야마 노보루 사장님은 흐뭇한 표정을 지으며 사진을 찍으셨습니다.

저는 주요 회의 내용을 거의 이해하지 못했습니다. 경영계획서나 경영 계획 자료에 기재된 숫자와 실적을 노트에 메모했지만 듣고 있는 것만으로도 머리가 터질 만큼 엄청난 숫자였습니다. 그 외에 ○○부서의 실행 계획 리뷰도 있었습니다.

▪ 8시 36분 – 부서장회의 종료

회의가 끝나고 화장실에 가는 고야마 노보루 사장님을 따라

갔는데, 볼일을 보면서 왼손으로는 보이스 메일을, 오른쪽 손으로는 휴대폰으로 작업을 하였습니다. '자투리 시간도 낭비하지 않는다'는 사장님의 말씀처럼 얼마나 시간을 철저하게 관리하는지 직접 목격한 순간이었습니다.

▪ 8시 50분 – 히가시고가네이 세미나룸 출발
택시를 타고 출발했습니다. 기타다 미카 과장님과 합류해서 은행 방문을 시작했습니다.

▪ 8시 53분 – 히가시니혼은행(東日本銀行) 도착
'은행 업무가 9시부터 시작'이라 남은 시간 동안 고야마 노보루 사장님은 야마구치 히로시 사장님과 다카하시소스주식회사의 다카하시 아키토 사장님의 질문에 답하면서 이런저런 이야기를 나누었습니다. 특히 인상적이었던 것은 '클레이머는 중요한 직책에서 밀려난 사람'이라는 이야기였습니다.

▪ 9시 – 오카모토 지점장과 숫자 확인
히가시니혼은행의 오카모토 지점장, 와타나베 직원과 경영계획서 및 경영 계획 자료의 숫자와 실적을 확인했습니다.
또한 '일본경영품질상을 이미 두 번 받았지만 세 번째 수상에

도전하고 있다', '가치창조란 무엇인가?'에 대한 이야기도 나누셨습니다.

■ 9시 22분 – 히가시니혼은행을 출발

■ 9시 27분 – 쇼와신용금고(昭和信用金庫) 도착

오바 지점장, 후루타니 직원과 경영계획서 및 경영 계획 자료의 숫자, 실적을 확인했습니다. 또한 새롭게 시작한 채용 사업, 무사시노대학교에 관한 이야기를 나누셨습니다.

채용 사업에 관한 이야기를 나누었을 때에 '노이로제는 어렸을 때부터 통금 시간이 없었던 사람에게 많이 나타난다. 그런 사람들은 스트레스를 받아보지 못한 채 사회로 나왔기 때문이다'라는 이야기가 인상적이었습니다.

■ 9시 52분 – 쇼와신용금고 출발

■ 10시 02분 – 야마나시추오은행(山梨中央銀行) 도착

이시카와 지점장, 사이토 직원과 경영계획서 및 경영 계획 자료의 숫자, 실적을 확인했습니다. 여기서는 회식에 관한 이야기가 인상적이었습니다.

'직원과 직원 사이의 커뮤니케이션이 중요하다'라는 내용으로 그 일환인 회식은 반드시 필요하다는 내용이었습니다. 무사시노의 회식이나 친목회 등을 상품화해서 '3,000만 원 규모의 세미나를 열고 공개하겠다'라는 이야기도 했습니다.

■ 10시 29분 – 야마나시추오은행 출발

■ 10시 34분 – 다마신용금고(多摩信用金庫) 도착

호리에 지점장, 이마니시 직원과 경영계획서 및 경영 계획 자료의 숫자, 실적을 확인했습니다. 여기서는 상여에 관한 이야기를 하였습니다.

직원에 대한 상여는 그다지 큰 변동은 없었습니다. 저는 지위가 올라가면 상여금이 크게 달라진다는 사실을 처음 접했습니다.

특히 '사토 임원의 상여금이 1,000만 원에서 108만 원까지 떨어졌다가 4,400만 원까지 회복했다'라는 이야기에 무척 놀랐습니다.

■ 10시 58분 – 다마신용금고 출발

■ 11시 10분 – 마즈호은행(みずほ銀行) 도착

창구 대기 시간에 저의 질문에 답해 주었습니다.

제 질문이 끝나자마자 곧바로 야마구치 히로시 사장님의 질문에 답하거나 휴대폰으로 일을 처리하였습니다. 자투리 시간을 조금도 낭비하지 않았습니다.

▪ 11시 28분 - 무사시고가네이역에서 지하철을 타고 시나가와역으로 이동

▪ 11시 53분 - 신주쿠역에서 야마노테센으로 환승

'뉴데이즈(매점)'에서 '산케이스포츠'를 구매하였습니다.

또한 신주쿠역에서 시나가와역으로 가는 동안에 저에게 질의 시간을 할애해 주었습니다. 질문에 답하는 속도가 워낙 빨라서 준비한 질문에 바로바로 대답해 주었습니다.

▪ 12시 22분 - 시나가와역 도착

'우오가시니혼이찌'라는 서서 먹는 초밥집에서 식사를 했습니다.

감성돔, 벤자리, 청어알, 구운 문어 등 고야마 노보루 사장님께서 주문한 초밥을 먹었습니다. 사실 저는 일반 참치 등살(아카미)과 참치 등살의 차이를 잘 모릅니다.

'내기 가위바위보'에서 다카하시 아키토 사장님께서 져서 식사비를 지불했습니다. 다카하시 아키토 사장님, 맛있게 잘 먹었습니다!

■ 12시 44분 – '미야비엔'에서 전통 팥빵을 걸고 가위바위보

'미야비엔'에서 전통 팥빵을 걸고 또 다시 '내기 가위바위보'를 했습니다. 저는 고야마 노보루 사장님에게 졌지만, '서류가방동행'에 함께 참여 중이던 야마구치 히로시 사장님에게는 이겼습니다. 야마구치 히로시 사장님, 맛있게 잘 먹었습니다!

■ 12시 55분 – 호텔 도착

다음 업무를 시작하기 전에 전통 팥빵을 먹으면서 한숨을 돌리는 모습이었습니다.

■ 13시 – 실천 경영 학원에 등단

한숨 돌리고 있다고 생각했는데, 아니었던 모양입니다. 호명이 되자마자 곧바로 뛰어서 단상으로 올라갔습니다. '경영계획서에 모든 사항을 상세하게 기재하기 때문에 모든 업무에 차질이 없다', '신입이 궁리하는 것은 최악'이라는 등 저도 들으면서 어떻게서든 이해하고 따라갈 수 있는 내용이라 큰 도움이 되었습니다. 참석자는 356명이었습니다.

● 14시 03분 – 휴식

휴식 중에 저는 다른 입사 내정자와 이야기를 나눌 시간이 있었습니다. 새벽부터 움직인 탓에 피로와 졸음이 몰려와 어떡해서든 졸지 않으려고 힘든 사투를 벌이던 중이었는데, 마침 다른 입사 내정자들과 담소를 나눴더니 나아졌습니다. 입사 내정자 여러분에게 감사합니다.

● 14시 06분 – 이토 슈지 고문의 등단

5년 전에 정년퇴임한 후, 고문으로 활동하고 있는 이토 슈지 씨가 등단했습니다. 과거 '꼴찌 회사'로 불렸던 무사시노의 히스토리와 경영계획발표회의 여섯 가지 의미에 대해서 설명해 주었습니다.

● 14시 30분 – 두 번째 휴식

두 번째 휴식이 시작되었습니다. 휴식 중에는 라디오 NIKKEI 의 〈고야마 노보루의 실천 경영 학원〉이 방송되었습니다.

● 15시 05분 – 고야마 노보루 사장의 재등단

고야마 노보루 사장님이 다시 등단했습니다.

'정리정돈은 다르다. 정리는 버리는 것이고 정돈은 통일하는 것이다'라는 이야기가 특히 인상적이었습니다. 정리정돈을 잘하면 일을 좀 더 쉽게, 편하게 할 수 있고 그것이 무사시노의 환경 정비라는 것을 알았습니다.

■ 15시 14분 – 시무라 아키오 본부장의 등단

시무라 아키오 본부장님이 등단했습니다.

'환경 정비 없이는 사업도 없다'라며 환경 정비의 단계에 대해서 설명했습니다. 물적 환경 정비, 인적 환경 정비, 정보 환경 정비 이렇게 세 단계에 대한 설명을 들을 수 있었습니다. 또한 삼정관리(三定管理; 정위치, 정품, 정량)가 얼마나 중요한지에 대해서도 배웠습니다.

■ 16시 16분 – 고야마 노보루 사장의 재등단

판매시스템(구조)에 대해서 설명했습니다. 조이익율의 변화에 대해서도 설명했는데, 저는 이해하기 어려운 내용이었습니다.

■ 16시 56분 – 경영 학원, 간부 학원의 합동 강연 종료

■ 17시 11분 – 실천 경영 학원 오너 및 주주와의 학원 입학 심사회 회의장

실천 경영 학원 오너 및 주주와의 학원 입학 심사회 회의장으로 이동했습니다. 여기서도 다양한 이야기를 했는데, 회사 대출

금에 대한 내용이 인상적이었습니다.

같은 규모의 회사가 두 개 있을 때에 은행에서 융자를 받을 수 있을지의 여부는 사장의 실력에 달렸다는 내용이었습니다. 20억 원의 현금을 갖고 있는 사장과 200억 원의 현금을 갖고 있는 사람 중에 물론 후자가 강하지만 '대출금은 싸울 수 있는 힘을 표현한다'라고 말했습니다.

■ 17시 45분 - 실천 경영 학원 오너 및 주주와의 학원 입학 심사회 종료

■ 17시 53분 - 시나가와 프린스호텔의 'feel 奄美(아마미) at Shinagawa'

시나가와 프린스호텔의 'feel 奄美 at Shinagawa'에서 화이트 샤르도네를 마셨습니다. 지금까지 마셔본 와인 중에서 가장 맛있었습니다. 감사히 잘 마셨습니다.

여기서도 '내기 가위바위보'를 했는데, 당연히 고야마 노보루 사장님은 이겼습니다. 와인을 마시면서 많은 이야기를 나눴는데, '고야마 노보루 사장님이 사교댄스를 매우 잘 춘다'라는 말에 깜짝 놀랐습니다.

■ 18시 30분 - 버스를 타고 '핫포엔'으로 이동

■ 18시 40분 – '핫포엔'에 도착

핫포엔에 도착한 후, 친목회가 시작되었습니다. 친목회는 경영 서포트 사업부 직원이 주의를 살피면서 경영 서포트 파트너 회원의 동향을 관찰했습니다.

또한 제 옆자리에 이토 씨가 앉아있었는데, 경영 서포트 회원과 이야기를 나눌 기회를 마련해 주어 이를 계기로 다양한 이야기를 듣고 나눌 수 있었습니다. 이토 씨, 너무 감사합니다.

■ 20시 20분 –친목회 종료

다 같이 박수를 치면서 친목회를 마치고 핫포엔에서 출발했습니다. 택시를 타고 오기쿠보 자택까지 이동했습니다. 저는 이동 중에 마지막 질문으로 '술 때문에 실수했던 적은 없는지'에 대해서 여쭤봤습니다. 사실 지하철을 타고 이동할 때에 질문했는데, '지하철에서는 답하기 곤란하다'라고 해서 택시 안에서 답변을 들었습니다. 역시 공적인 장소에서는 말하기 껄끄러운 내용이었습니다.

■ 20시 45분 고야마 노보루 사장 자택에 도착

고야마 노보루 사장님께 서류 가방을 드리고 작별 인사를 했습니다.

● 21시 –오기쿠보역에서 야마구치 히로시 사장님과 작별

오기쿠보역에서 야마구치 히로시 사장님과 작별 인사를 나누고 헤어졌습니다. 잊지 않고 칭찬과 조언을 해주어 너무나도 기뻤습니다.

겸손한 자세를 잃지 않고 '자신에게 능력이 있다는 자부심을 갖고 열심히 일하면 된다'라고 조언해 주었습니다. 이를 마음속 깊이 새기며 앞으로 자신을 갈고 닦으면서 열심히 일하겠다고 다짐했습니다.

【 감상 】

오늘은 고야마 노보루 사장님의 '서류가방동행' 프로그램에 참여할 수 있어서 너무나도 뜻깊은 시간이었습니다.

미숙한 저를 야마구치 히로시 사장님께서 옆에서 도와주었는데, 너무나도 감사했습니다. 야마구치 히로시 사장님이 해주는 조언을 참고하면서 움직였고 긴장이 풀리면서 편안한 마음으로 질문도 할 수 있었습니다. 진심으로 감사드립니다.

'서류가방동행'은 무사시노의 판매 상품으로 원래는 하루에 400만 원을 지불해야 하는 프로그램입니다. 그런데 입사 내정자에게 무료로 체험할 수 있게 배려해 주는 것에 깊은 감사를 드리고 싶습니다.

프로그램에 참여하면서 고야마 노보루 사장님의 일하는 모습에 깜짝 놀랐습니다. '점심 식사 외에는 휴식을 취하지 않는 모습'을 직접 목격했기 때문입니다.

이른 아침에 택시 안에서 오가는 업무 보고를 통해서 업무 내용은 물론, 직원의 개인적인 부분까지 파악하는 모습은 감동이었고 오전 중에 은행을 방문했을 때도 도착해서 자리에 앉자마자 곧바로 담당자와 이야기를 시작하고 끝나자마자 바로 일어나서 택시를 타는 등 절대로 시간을 허투루 낭비하지 않았습니다. 무사시노의 시간에 대한 철저함은 '이런 사장님의 모습에서 비롯됐구나!' 하는 생각이 들었습니다.

또한 이동 중에도 저의 질문에 성심성의껏 답해주어서 감사했습니다. 특히 예전부터 알고 싶었던 이머제네틱스(EG)에 관한 질문이나, 제가 왜 서포트 회원인 주식회사 자가트(구리하라 슈스케 사장)에서 일하는지 등 '서류가방동행'의 일정이 정해지기 전부터 궁금했던 부분에 대해서 아주 자세하게 답변해주어서 큰 도움이 되었습니다.

더욱 놀라웠던 것은 어떤 질문을 던져도 답변 속도가 너무 빠르다는 점이었습니다. 날씨가 무척 더웠는데도 곧바로 답변을 내놓는 사장님의 두뇌 회전에는 혀를 내두를 정도였습니다.

'서류가방동행' 프로그램을 통해서 배운 것들은 앞으로 무사시노에서 일하는 데에 큰 도움이 될 것 같습니다.

'자신에게 능력이 있다'라는 자신감을 갖고 '겸손한 자세를 잊지 말아야 한다'라는 조언을 명심하면서 입사 후에 곧바로 업무를 처리할 수 있는 직원이 될 수 있도록 노력할 것입니다.

다시 한 번 고야마 노보루 사장님, 야마구치 히로시 사장님 그리고 다른 직원들에게 '서류가방동행'이라는 멋진 기회를 주어서 감사하다고 말하고 싶습니다.

4장

돈 잘 버는
사장의
시간 관리
비법을 배워라!

체험—고야마 노보루 사장의
'서류가방동행'

체험담1 '사장의 업무'를 배우려면 '현역 사장'의 서류 가방을 들어보는 것이 최선책

이번 장에서는 실제로 '서류가방동행' 프로그램에 참여했던 사장들의 체험담을 소개하고 시간을 관리하는 비법에 대해서 알아보고자 한다.

- 체험자 : 가네하라 쇼에쓰 사장
- 회사명 : 주식회사 테일(본사 : 교토부 조요시)
- 사업내용 : 오코노미야키, 철판구이 '긴타이' 직영(24개점 운영) 및
   프랜차이즈 가맹점 '긴타이'의 경영 관리 지도,
   업무용 식품제조 및 판매

○ '서류가방동행'을 체험하게 된 이유

중소기업 사장의 대부분이 '사장이 하는 업무가 무엇인지'를 잘 모른다. 나도 그랬다. 스무 살에 독립해서 창업주로 지금까지 열심히 일했는데, '사장으로서의 역할이 무엇인지'를 몰랐다.

고야마 노보루 사장의 '서류가방동행'을 신청하게 된 이유는 '사장의 업무는 현역 사장이 아니면 배울 수 없다'라고 생각했기 때문이다.

○ '시간을 활용하는 방법'과 '스케줄을 짜는 방법'을 통해서 깨달은 점

'시간에 맞춰서 일을 배분하기 때문'에 시간 낭비가 없고 지연되는 법도 없다. 시간에 맞춰서 일을 시작하고 시간에 맞춰서 일을 끝낸다.

고야마 노보루 사장의 스케줄은 길게는 '2년 후'까지 정해져 있다. 그대로 따라할 수도 따라 해서도 안 될 것 같다는 생각이 들었다. 나라면 아마도 쓰러질 것이다. (웃음)

하루아침에 고야마 노보루 사장처럼 될 수는 없겠지만 '끝낼 시간을 먼저 정한다', '속전속결한다', '작년에 했던 일을 올해도 동일하게 한다' 등 시간을 활용하는 방법을 연구하면서 생산성을 높여 나가야겠다고 결심했다.

○ '서류가방동행'을 통해서 배운 점

■ '빨리 결정하는 것'의 중요성

고야마 노보루 사장은 일단 의사 결정 속도가 매우 빠르다. 망설이지 않고 곧바로 결정한다. 허접한 계획이라도 좋으니 '한다'고 결정하고 목표를 향해서 행동하면 결과가 나온다. 그 결과와 가설 사이에 생긴 '격차'를 통해서 고객의 의견을 파악하고 개선해 나간다. 가설을 세우고 실행하고 '격차'가 생기는 원인을 파악하고 대책을 마련한다. 그리고 새로운 가설을 세우고 다시 실행을 한다 ….

이런 가설과 검증의 반복이 무사시노의 강점이라고 생각한다.

■ 직원을 '칭찬'과 '격려'하는 횟수가 많다

엽서, 감사 카드, 보이스 메일 등을 나누어 사용하면서 고야마 노보루 사장은 일단 직원을 자주 칭찬과 격려를 한다.

'큰일로 1년에 몇 번'만 칭찬받기보다 '작은 일로 자주 칭찬받는 편'이 의욕이 생긴다. 친밀도와 신뢰는 횟수에 비례한다는 것을 배웠다. 또한 격려는 용기를 돋운다.

■ 직원에게 지시할 때는 구체적으로 한다

고야마 노보루 사장은 추상적으로 지도하지 않는다. '눈에 보이는 것'만 가르친다. '열심히 노력해서 매출을 올리라'라고 말한들 직원은 열심히 일하지 않는다. 왜냐하면 '열심히 하라'라는 추상적인 지시이기 때문이다. 본인이 '나는 열심히 하고 있다'라고 우기면 끝이다.

하지만 고야마 노보루 사장은 '직원이 한 일'에 대해서 구체적인 사실을 들면서 지적한다.

이를테면 '녹색펜으로 실적 그래프를 그리라'라고 지시했는데, 부하 직원이 '노란색펜'으로 했다면 '녹색펜이 없으면 사전에 보고해라. 자기 멋대로 판단해서는 안 된다'라고 지도한다. 이렇게 구체적으로 지적하면 직원은 '어떤 점을 고치면 되는지'를 쉽게 이해할 수 있다.

체험담2 '시간'은 중요한 경영 자원. '도움이 안 되는 것'에는 1초도 투자하지 않는다

■ 체험자 : 다카하시 도오루 사장

■ 회사명 : 주식회사 오지푸즈(본사: 도쿄도 시부야쿠)

■ 사업내용 : 식품도매사업, 통신판매사업, 물류사업, 푸드코디네이팅사업

○ '서류가방동행'을 체험하게 된 이유

경영 서포트 파트너 회원이 '1,000만 원도 아깝지 않을 만큼 가치가 있다', '체험해 보지 않으면 모른다'라고 하기에 예전부터 관심이 있었다.

고야마 노보루 사장의 '시간 활용법', '직원과의 커뮤니케이션 방법' 등을 가까이서 보고 싶어서 '서류가방동행'을 신청했다.

3일 동안 고야마 노보루 사장과 함께 움직이면서 업무 처리 방법은 물론, 그의 '운기(運氣)'까지도 '다 빨아들이고 싶은 기분'이었다. (웃음)

○ '시간을 활용하는 방법'과 '스케줄을 짜는 방법'을 통해서 깨달은 점

일단 고야마 노보루 사장의 업무량이 너무 많았다. 적어도 내가 일하는 양의 '5배' 정도는 되었다.

또한 하루 스케줄이 마치 'TV 편성표'와 같았다. '여기서부터 여기까지는 이걸 하고, 지하철 이동 시간에는 저걸 하고, 이 시간에는 이걸 하고…' 등 상당히 세분화되어 있었다. 틈새 시간도 낭비 없이 적극 활용했다.

고야마 노보루 사장은 '시간은 소중한 경영 자원'이라고 말했다. '도움이 안 되는 것'(직원이나 경영 서포트 파트너 회원에게 이익이 되지 않는 것)에는 절대로 시간을 투자하지 않는다.

보통 사람들은 기치조지역에서 도쿄역까지 'JR주오센'을 이용한다. 그런데 체험 당일 날에 고야마 노보루 사장이 '이노가시라센을 타겠다'라고 말해서 그 이유를 물었다.

'도쿄역에 도착할 때까지 이번에 출간할 신간 서적의 교정을 보고 싶어서 오늘은 100% 앉아서 갈 수 있는 노선을 선택(이노가시라센의 기치조지역은 시발역이다)'이라고 답했다. 미리 '언제 무슨 일을 할 것인지'를 세분화해서 결정하고 그 일에 맞춰서 지하철 노선까지 짜는 등 고야마 노보루 사장의 철저함에 나 자신을 반성하지 않을 수 없었다.

나도 지금은 '아침에 일찍 일어나 곧바로 하루 스케줄을 머릿속으로 확인하는 시간'을 갖는다. 고야마 노보루 사장만큼 꼭 두새벽에 일어나지는 못하지만 아침 시간을 활용하려고 노력하는 중이다.

○ '서류가방동행'을 통해서 배운 점

■ 집에서도 시간 낭비를 하지 않는다

고야마 노보루 사장은 사모님과 '스케줄 조정회의'를 한다고 들었다. 'ㅇ일은 ㅇㅇ에서 세미나가 있다', 'ㅇ일은 집에서 저녁 식사를 한다' 등 한 달 일정을 사모님과 공유하는 것이다. (사모님이 고야마 노보루 사장의 스케줄에 맞추어 양복과 넥타이 등도 골라 주신다고 한다.)

솔직히 말해서 직장은 물론 집에서도 '시간을 허투루 낭비하지 않고 효율적으로 사용'하는 사장은 별로 없다.

■ 업무도 놀이도 똑같이 생각한다

고야마 노보루 사장이 시나가와역에서 '경마 신문'을 구입하기에 '역시 사장님도 휴식을 취하는 구나'라고 생각했는데, 경마 신문을 읽고 경마를 예상하는 것도 고야마 사장에게는 '업무'였다. 무사시노 직원을 만족시키기 위한 일환으로 경마 예상을 한다고 한다.

고야마 노보루 사장은 '가설을 세우고 검증한다', '좁고 깊게 마권을 산다', '데이터를 중시한다' (단, 말의 체중 등 검토하지 않는 항목을 정한다) 등 업무를 처리할 때에 쓰는 머리로(업무를 처리할 때와 같은 사고방식) 똑같이 경마를 예상한다.

■ 회의 초반에 다음 스케줄을 확인한다

무사시노의 회의는 첫 순서로 '다음 회의 일정'을 확인한다.

오지푸즈도 회의 초반에 다음 일정을 확인하도록 했더니 시간을 절약하는 데, 매우 효과적이었다. '나중에 모두의 일정을 조정하는 수고를 덜게' 되었다.

■ '하지 않는다'를 정한다

나는 일 처리 방법이 서툴러서 해야 할 일이 점점 늘어나 결국에는 어떤 일도 제대로 정리하지 못한다.

고야마 노보루 사장에게 '다카하시 사장은 '나는 뭐든지 할 수 있다'라고 생각하는데, 이 일 저 일에 손을 대면 결국은 시간만 낭비되니 '하지 않는다'를 정하는 편이 좋다'라는 조언을 들었다. '하지 않는다'를 정하면 시간 낭비가 없고 의사 결정 속도도 빨라진다. '시간의 정돈'이 앞으로 나에게 주어진 과제다.

체험담3 '아침 마중'은 정성(定性) 정보를 수집하는 시스템

- 체험자 : 다카오 노보루 사장
- 회사명 : 어드레스주식회사(본사: 후쿠시마현 이와키시)
- 사업내용 : 부동산 매매, 임대, 중개

○ '서류가방동행'을 체험하게 된 이유

'사장의 업무는 무엇인가'를 알려면 고야마 노보루 사장과 동행하는 것이 제일 좋은 방법이라고 생각했다. 그래서 '서류가방동행'을 신청했다.

나는 '서류가방동행'을 10번 이상 체험했다.

지금은 '3일 동안'이지만, 예전에는 '5일 동안' 진행하는 프로그램이었다. 아침도 지금보다 더 이른 시간이었고 저녁도 더 늦게까지 가부키초에서 술을 마셨다. 당시에 나는 '고야마 노보루 사장은 체력 하나는 정말이지 끝내준다니까!'라고 생각을 했다. (웃음)

○ '시간을 활용하는 방법'과 '스케줄을 짜는 방법'을 통해서 깨달은 점

고야마 노보루 사장은 '인터넷이 연결되는 곳에서는 이 일을 하고, 연결되지 않는 곳에서는 이 일을 한다'라는 식으로 패턴화하고 시간을 세분화해서 활용하는 데 뛰어나다.

○ '서류가방동행'을 통해서 배운 점

■ '아침 마중'을 통한 정보 수집의 중요성
'서류가방동행' 프로그램을 통해서 배운 점이 아주 많은데, 당사에도 무사시노의 '아침 마중'을 도입했다.

고야마 노보루 사장이 자가용을 처분한 것처럼 나도 자동차를 처분하고 집에서 회사까지 매일 아침 마중을 온 직원과 택시를 타고 출근한다. 택시 안에서 직원에게 보고를 받는다.

아직 미숙해서 보고 도중에 '그건 좀 이상하지 않나?'라고 끼어들기도 하는데, 고야마 노보루 사장은 직원이 보고하는 도중에 말을 끊지 않는다. 묵묵히 보고를 듣고 본사에 도착하면 '이렇게 해라', '저렇게 해라'라고 지시를 내린다.

내가 '서류가방동행'을 체험했을 당시에 신임 점장이 아침 마중을 나온 적이 있다. 그런데 너무 긴장한 탓에 점장은 아무 말

도 하지 못했다. 그러자 고야마 노보루 사장도 조용히 입을 다문 채로 있었다. 택시 안은 조용했고 무언의 시간이 지속되었는데, 제삼자인 내가 오히려 더는 참을 수 없을 정도였다. (웃음) 이내 신임 점장도 당황스럽고 초조했는지 부하 직원의 개인적인 정보를 폭로하기 시작했다. (웃음)

나는 택시 안에서 30분, 본사에 도착해서 30분, 총 1시간 정도 부하 직원의 보고를 받는다.

'아침 마중'은 숫자화할 수 없는 정성정보를 수집하는 시간(기회)으로 매우 의미 있는 작업이라고 생각한다.

■ 정보를 크로스 체크한다

고야마 노보루 사장은 정보 하나를 다양한 각도와 관점에서 검증한다. A직원이 보고를 했을 때에 그 보고는 A직원의 편견이 포함되어 있을 가능성이 높다. 그래서 B직원이나 C직원에게 의견을 묻고 객관적인 데이터와 대조하면서 A직원의 보고가 옳은지, 그른지를 판단한다.

■ 은행 방문도 카바레도 똑같다

고야마 노보루 사장은 업무도 놀이도 똑같은 사고방식으로 처리한다. 그는 카바레에 놀러 가면 어느 여종업원에게든 항상 똑같은 이야기를 한다. 그래서 내가 "고야마 사장님의 대화는 원 패턴이네요?"라고 물었더니, "다카오 사장이 인기가 없는 건 여종업원이 바뀔 때마다 다른 이야기를 해서랍니다. 내가 인기가 많은 건 어느 여종업원에게든 똑같은 이야기를 해서지요"라며 의기양양한 표정을 지었던 적이 있다.

고야마 노보루 사장이 카바레의 어느 여종업원에게든 똑같은 이야기를 하는 이유는 '여종업원의 각기 다른 반응을 살펴보면, 이 여종업원은 자신에게 호감이 있는지, 없는지를 알 수 있기 때문'이다.

은행 방문도 마찬가지다. 고야마 노보루 사장은 A은행, B은행, C은행, D은행 등 방문한 모든 은행에서 똑같은 이야기를 한다.

똑같은 이야기를 하면 '이 은행은 대출을 해주고 싶은 것인지', '이 은행은 융자를 꺼리는지' 등 은행, 지점, 지점장의 차이와 변화, 온도 차를 파악할 수 있기 때문이다. 그래서 똑같은 이야기를 한다.

고야마 노보루 사장에게 '업무도 놀이도 똑같다. 왜냐하면 같은 머리(뇌)로 생각하기 때문이다'라는 말을 들었을 때는 그야말로 지금까지 내가 알고 있었던 상식이 파괴되는 순간이었다.

체험담 ④ 그저 '서류 가방'을 드는 것만으로는 고야마 노보루의 '진가'를 알 수 없다

■ 체험자 : 고토 시게유키 사장

■ 회사명 : 주식회사 고토구미 (본사 : 야마가타현 요네자와시)

■ 사업내용 : 토목공사, 건축공사, 주택판매, 부동산중개, 리모델링,

　　　　　　자재임대, 외식업

○ '서류가방동행'을 체험하게 된 이유

사실 실천 경영 학원은 가더라도 '서류가방동행'은 신청하지 않겠다고 다짐했었다. 왜냐하면 비용이 터무니없이 비싸다고 느꼈기 때문이다. (웃음) 당시는 '5일간'이라서 비용이 1,600만 원 이상이었다. '왜 1,600만 원이나 내면서까지 저 사람의 서류 가방을 들어야 해?'라는 생각에 절대로 신청하지 않을 것이라고 생각했다. 그런데 6년 전쯤이었을까? 실천 경영 학원에서 개최한 '경영계획서 작성 합숙'에 참가했을 때에 고야마 노보루 사장이 이런 말을 했다.

고야마 : "고토 사장님은 직원들이 고토 사장님을 두고 뭐라고 하는지 알아요?"

나 : "네? 아니요. 전혀 모르는데요."

고야마 : "예전에는 고토 사장님이 좀처럼 결정을 내리지 못해서 곤란했는데, 지금은 뭐든지 바로바로 결정을 내려서 곤란하다고 하던데요. (웃음)"

나 : "정말입니까?"

고야마 : "네, 정말이지요. 고토 사장님이 '직원에게 어떤 평가를 받고 있는지'를 정확하게 파악한 후에 지도한답니다."

나는 '어째서 고야마 노보루 사장은 그런 정보를 알고 있을까?', '어떤 루트로 그런 정보를 얻은 것일까?' 등 너무나도 궁금한 나머지 무심코 이렇게 내뱉고 말았다.

"〈서류가방동행〉을 한번 신청해 봐야겠군요."

고야마 노보루 사장은 그 순간을 놓치지 않았다. "〈서류가방동행〉에 참가자 한 명 추가요!"라며 웃으면서 그 자리에서 계약서에 사인을 받아갔다. (웃음)

○ '시간을 활용하는 방법'과 '스케줄을 짜는 방법'을 통해서 깨달은 점

나도 젊었을 때부터 업무 스케줄이 빡빡해서 항상 '시간이 부족하다'라고 느꼈다. '어떻게 하면 시간을 효율적으로 사용할 수 있을지'를 고민이었기에 고야마 노보루 사장의 시간 활용법을 가까이서 접하고 주제넘지만 '나랑 똑같구나!' 하는 생각을 했다.

스케줄이 빡빡한 경우에 스케줄 하나가 틀어지면 전체 스케줄이 엉망이 되고 만다. 오늘 끝나지 않으면 다른 날 하면 된다고 생각하는 사람, 일을 시간에 맞춰서 끝내지 못하는 사람은 '한가한 사람'일지도 모른다.

나와 고야마 노보루 사장은 '항상 스케줄이 많아서' 오늘의 일을 다른 날로 미루기 어렵다. 그래서 오늘의 일은 오늘 중으로 어떡해서든 끝내야 한다.

일을 시간에 맞춰서 끝내는 비결은 고야마 노보루 사장처럼 '바쁜 사람'이 되는 것이라고 생각한다.

○ '서류가방동행'을 통해서 배운 점

■ 고야마 노보루와 무사시노의 '진가'

나는 실천 경영 학원에 다니면서 무사시노의 시스템을 그대로 '모방'했다. 그런데 '서류가방동행'을 체험하고 나서 '흉내만

내려고 했다'라는 사실을 깨달았다.

무사시노를 모방해서 '진척회의'를 도입했는데, 고토구미의 진척회의와 무사시노의 진척회의는 '비슷한 것 같지만 사실은 전혀 다른 것'이었다.

무사시노의 진척회의는 '회의'라는 이름이 붙었을 뿐, 실은 영업 방식을 가르치는 '직원 교육의 장'이다.

'서류가방동행'을 체험해 보니 고야마 노보루 사장의 '진가'를 알 수 있었다. 하지만 그저 가까이서 서류 가방만 든다고 해서 고야마 노보루 사장의 '진가'를 알 수 있을까?

골프를 쳐보지 못한 사람과 골프를 쳐본 사람이 골프 시합을 관전한다고 하자. '프로 골퍼의 수준 높은 기술'을 100% 이해할 수 있는 사람은 골프를 쳐본 사람이 아니겠는가? 본인이 직접 플레이를 해본 적이 있기에 본인과 비교하면서 프로 골퍼의 수준이 얼마나 높은지를 깨달을 수 있는 것이다.

'서류가방동행'도 마찬가지다. 고야마 노보루 사장에게 '고토 사장은 무사시노의 시스템을 그대로 모방해 보고 〈서류가방동행〉에 참여해서 많은 공부가 되었지요?'라는 말을 들었는데 실제로 그랬다.

모방해 봤기에 고토구미와 무사시노, 나와 고야마 노보루 사장의 '진짜 차이점'이 무엇인지 알 수 있었다.

체험담5 사장은 '사장만이 할 수 있는 업무'에 모든 시간을 투자한다

- 체험자 : 가와우치 유이치 사장
- 회사명 : 주식회사 마이플레저(본사: 미에현 요카이치시)
- 사업내용 : 정보통신기기 상사

○ '서류가방동행'을 체험하게 된 이유

처음에는 '남의 서류 가방을 들고 걷는데, 무슨 1,000만 원이야?' 하는 비판적인 생각에 별로 관심이 없었다. 그런데 차츰 생각이 바뀌었다. 왜냐하면 고야마 노보루 사장이 '항상 즐겁게 일하는 모습'을 자주 목격했기 때문이다.

나는 세 번 연속 적자에 직원에게 사기를 당하는 등 '사장은 힘들고, 어렵고, 따분하다'라고 생각했다. 그런데 고야마 노보루 사장은 항상 일을 즐겼다. 직원을 혼낼 때도 문제가 발생했을 때도 아무런 내색 없이 오히려 즐겁게 일했다.

사장직을 즐기려면 '고야마 노보루'라는 사람을 모델로 사장으로서의 바람직한 모습을 배우는 것이 지름길이라고 생각했다. 그래서 '서류가방동행'을 신청하기로 결정했다.

○ '시간을 활용하는 방법'과 '스케줄을 짜는 방법'을 통해서 깨달은 점

고야마 노보루 사장은 자주 '고객과 직원이 행복해지는 일에만 시간을 투자하고 싶다'라고 말한다.

그래서 틈새 시간도 고객과 직원을 위해서 활용한다. 신칸센을 타서도 세미나 사이의 빈 시간에도 고야마 노보루 사장이 힘을 빼고 편하게 쉬는 모습을 본 적이 없다.

○ '서류가방동행'을 통해서 배운 점

■ 직원을 격려하는 엽서 작성법

고야마 노보루 사장은 직원을 질타하거나 격려할 때에 반드시 엽서를 보낸다. 나도 이를 흉내내서 엽서를 쓰고 있는데 미흡하다. 고야마 노보루 사장처럼 '직원의 사기를 진작시키는 글'은 아직 쓰지 못한다.

고야마 노보루 사장은 '혹평하면서 칭찬하는 데' 탁월한 능력이 있다. 혹평하면서 칭찬하면 '당신에게는 감점 요소가 많지만 그 이상으로 많은 득점 요소가 있다'라는 점을 전달할 수 있다. 그래서 엽서를 받은 직원은 '열심히 하자'라는 생각을 품게 된다. 그런데 고야마 노보루 사장처럼 '혹평하면서 칭찬하는 것'은 매우 어렵고 그리 쉽게 흉내낼 수 있는 것이 아니다.

실제로 직원의 결혼기념일에 엽서를 보냈을 때에 나는 나름대로 '칭찬'이었는데, 엽서를 받은 직원은 '비난'이라고 느꼈는지 '남의 결혼기념일에 왜 그런 엽서를 보내느냐'며 화를 낸 적이 있다.

직원의 '단점'만 볼 것이 아니라 직원의 '장점'에도 관심을 갖고 그런 부분을 말로 칭찬하는 것이 앞으로 내가 풀어야 할 과제 중 하나라고 생각한다.

■ 직원의 말을 잘 듣는다

연수나 강연과 같이 수많은 청중 앞에서 이야기할 때는 예외지만 평소에 고야마 노보루 사장은 다양한 상황에서 남의 이야기를 잘 들어준다. 본인이 이야기할 때는 어떤 정보도 귀에 들어오지 않기 때문이다.

나도 고야마 노보루 사장을 본받아서 '직원의 의견을 잘 듣고자 노력'하고 있다. 그래서 직원이 나에게 어떤 질문을 하느냐, 즉 질문 내용을 통해서 직원이 풀어야 할 과제와 문제의식의 수준을 파악할 수 있게 되었다.

■ 사장에게 중요한 것은 '사장의 업무를 하는 것'이다

예전에 나는 '사장은 사내의 누구보다 일을 오래 해야 한다'라는 고정관념에 사로 잡혀 있었다. 그런데 고야마 노보루 사장의 '서류가방동행'을 체험하고 사고방식이 싹 바뀌었다.

오래 일하는 것이 아니라 '사장만이 할 수 있는 일에 시간을 투자하는 것'이 중요하다는 점을 깨달았다.

그렇다면 '사장만이 할 수 있는 일'은 과연 무엇일까? 바로 '의사 결정'이다.

대기업에 비해서 '빠른 의사 결정'이 중소기업의 최대 강점이라는 사실을 고야마 노보루 사장은 잘 알고 있다. 게다가 회사 내에서 결정할 수 있는 사람은 오직 사장뿐이다.

의사 결정을 하려면 '사장이 스스로 현장에 나가서 눈과 귀로 현장의 진실을 파악한다', '직원의 속내를 들으려면 커뮤니케이션을 해야 한다', '5년 후, 10년 후의 계획을 역산해서 지금 무슨 일을 할지를 생각한다'가 중요하다. 사장에게 주어진 모든 시간은 '의사 결정을 위해서 투자해야 한다'라는 것을 몸소 배웠다.

돈 잘 버는 사장의
24시간 365일
"상승" 타임 매니지먼트의 기술

1판 1쇄 발행 2019년 8월 29일

지 은 이 | 고야마 노보루
옮 긴 이 | 이지현
발 행 인 | 최봉규

발 행 처 | 지상사(청홍)
등록번호 | 제2017-000075호
등록일자 | 2002. 8. 23.
주   소 | 서울 용산구 효창원로64길 6(효창동) 일진빌딩 2층
우편번호 | 04317
전화번호 | 02)3453-6111 팩시밀리 02)3452-1440
홈페이지 | www.cheonghong.com
이 메 일 | jhj-9020@hanmail.net

한국어판 출판권 © 지상사(청홍), 2019
ISBN 978-89-6502-288-6 03320

이 도서의 국립중앙도서관 출판시도서목록(CIP)은 e-CIP홈페이지(http://www.nl.go.kr/ecip)와
국가자료공동목록시스템(http://www.nl.go.kr/kolisnet)에서 이용하실 수 있습니다.
(CIP제어번호: CIP2019027200)

세상에서 가장 쉬운 통계학 입문

고지마 히로유키 | 박주영

이 책은 복잡한 공식과 기호는 하나도 사용하지 않고 사칙연산과 제곱, 루트 등 중학교 기초수학만으로 통계학의 기초를 확실히 잡아준다. 마케팅을 위한 데이터 분석, 금융상품의 리스크와 수익률 분석, 주식과 환율의 변동률 분석 등 쏟아지는 데이터…

값 12,800원 | 신국판(153x224) | 240쪽
ISBN 978-89-90994-00-4 | 2009/12 발행

세상에서 가장 쉬운 베이즈통계학 입문

고지마 히로유키 | 장은정

베이즈통계는 인터넷의 보급과 맞물려 비즈니스에 활용되고 있다. 인터넷에서는 고객의 구매 행동이나 검색 행동 이력이 자동으로 수집되는데, 그로부터 고객의 '타입'을 추정하려면 전통적인 통계학보다 베이즈통계를 활용하는 편이 압도적으로 뛰어나기 때문이다.

값 15,500원 | 신국판(153x224) | 300쪽
ISBN 978-89-6502-271-8 | 2017/4 발행

만화로 아주 쉽게 배우는 통계학

고지마 히로유키 | 오시연

비즈니스에서 통계학은 필수 항목으로 자리 잡았다. 그 배경에는 시장 동향을 과학적으로 판단하기 위해 비즈니스에 마케팅 기법을 도입한 미국 기업들이 많다. 마케팅은 소비자의 선호를 파악하는 것이 가장 중요하다. 마케터는 통계학을 이용하여 시장조사 한다.

값 15,000원 | 국판(148x210) | 256쪽
ISBN 978-89-6502-281-7 | 2018/2 발행

알기 쉬운 설명의 규칙

고구레 다이치 | 황미숙

실천 트레이닝을 포함해 '알기 쉬운 설명'을 위한 규칙에 대해 소개하고 있다. 이 규칙대로만 실행한다면 자신이 전달하고자 하는 바를 상대방이 누구든, 또 어떤 내용이든 알기 쉽게 전달할 수 있을 것이다. 자사 상품을 고객에게 더 잘 이해시킬 수 있다.

값 13,500원 | 사륙판(128x188) | 244쪽
ISBN 978-89-6502-284-8 | 2018/7 발행

자기긍정감이 낮은 당신을 곧바로 바꾸는 방법

오시마 노부요리 | 정지영

자기긍정감이 높은 사람과 낮은 사람의 특징을 설명하고, 손쉽게 자기긍정감을 올려서 바람직한 생활을 할 수 있는 방법을 소개하고자 한다. 이 책을 읽고 나면 지금까지 해온 고민의 바탕에 낮은 자기긍정감이 있다는 사실을 알고 모두 눈이 번쩍 뜨일 것이다.

값 12,800원 | 사륙판(128x188) | 212쪽
ISBN 978-89-6502-286-2 | 2019/2 발행

의사에게 의지하지 않아도 암은 사라진다

우쓰미 사토루 | 이주관 박유미

암을 극복한 수많은 환자를 진찰해 본 결과 내가 음식보다 중요시하게 된 것은 자신의 정신이며, 자립성 혹은 자신의 중심축이다. 그리고 왜 암에 걸렸는가 하는 관계성을 이해하는 것이다. 자신의 마음속에 숨어 있는 것이 무엇인지, 그것을 먼저 이해할 필요가 있다.

값 15,300원 | 국판(148x210) | 256쪽
ISBN 978-89-90116-88-8 | 2019/2 발행

수수께끼 같은 귀막힘병 스스로 치료한다

하기노 히토시 | 이주관 김민정

일본 NHK-TV 인기 프로 〈최근 급증하는 수수께끼 같은 병, '귀막힘병!'〉이라는 타이틀의 프로그램이 방송되었다. 그로부터 상당히 시간이 흐른 지금까지도 서양의학에서 이관개방증은 '수수께끼 질병'으로 남아 있다. 사실 이 질병은 아직 그 실체조차 밝혀지지 않았다.

값 14,000원 | 국판(148x210) | 184쪽
ISBN 978-89-90116-92-5 | 2019/6 발행

약에 의존하지 않고 콜레스테롤 중성지방을 낮추는 방법

나가시마 히사에 | 이주관 이진원

일반적으로 사람들은 콜레스테롤과 중성지방의 수치가 높으면 건강하지 않다는 생각에 낮추려고만 한다. 하지만 혈액 검사에 나오는 성분들은 모두 우리 인간의 몸을 이루고 있는 중요한 구성 물질들이다. 이 책은 일상생활에서 스스로 조절해 나가기 위한 지침서다.

값 13,800원 | 사륙판(128x188) | 245쪽
ISBN 978-89-90116-90-1 | 2019/4 발행

혈압을 낮추는 최강의 방법

와타나베 요시히코 | 이주관 전지혜

저자는 고혈압 전문의로서 오랜 임상 시험은 물론이고 30년간 자신의 혈압 실측 데이터와 환자들의 실측 데이터 그리고 다양한 연구 논문의 결과를 책에 담았다. 또 직접 자신 혈압을 재왔기 때문에 혈압의 본질도 알 수 있었다. 꼭 읽어보고 실천하여 혈압을 낮추길 바란다.

값 15,000원 | 국판(148x210) | 256쪽
ISBN 978-89-90116-89-5 | 2019/3 발행